中华第一帝都

徐卫民 著

连旭 摄影

人民出版社

秦汉新丝路

目录

前言

秦咸阳是中国历史上第一个大一统帝国秦朝的都城，被誉为"中华第一帝都"。从战国时期延续到秦灭亡，咸阳作为都城的时间长达144年，是当时秦的政治、经济、军事和文化中心，是秦统治者发号施令、实施有效统治的中枢所在。

秦以咸阳为都，完成了华夏历史上第一次大一统，在这里进行了诸多的改革，实行了一系列巩固统一的措施和制度，影响了中国历史两千多年。作为中国历史上的重要时期，秦朝承上启下，在中国历史上产生了极为重要的影响；而作为当时政治、经济、文化、军事中心的都城咸阳，也在中国都城发展史上具有举足轻重的地位。

中国古代对都城的选址是十分讲究的，历代统治者都十分重视都城的选址和建设，把定都建邑视为"国之大事"，不仅关系到族人与国家未来的前途命运，也涉及许多礼仪规范和"天人相应"的文化与意识，以及立国后的各种对内对外政策，直接影响到国运的兴衰。早在先秦时期，统治者对都城的选址已要求较高。《管子·乘马》云："凡立国都，非于大山之下，必于广川之上。高毋近旱而水用足，下毋近水而沟防省。因天材，就地利，故城郭不必中规矩，道路不必中准绳。"也就是说都城的选址要考虑到地理环境等多方面因素。《历代宅京记》中有言："自古帝王维系天下，以人和不以地利，而卜都定鼎，计及万世，必相天下之势而厚集之。"其意为国都地址的选择和布局要考虑用水等自然环境，因而对于都城地形、用水等有较高的要求。而都城地址一旦确定和建设，就会对当时的政治、经济、军事、文化等各方面产生极为重要的影响。著名历史地理学家史念海先生指出："古代都城所在地的选择，一般是探求国土的中心点，利用交通冲要的位置，凭恃险要的地势，与其对外策略相联系，接近王朝或政权建立的根据地，在经济上较为富庶的地区。"正因如此，咸阳可谓志在天下的秦人理想的建都之地。

秦人在其发展史上，经历了多次的迁都，因此有过多座都城。《周礼·考工记》按照礼制将先秦时期的"城"分为三级：第一级王城，即王国都城；第二级诸侯城，即诸侯国的都城；第三级"都"，即宗室和卿大夫的采邑。这种三级城制规模，包括建筑的大小、高低等，按级别递减。据考古资料和相关文献记载，可以看出先秦时期都城的规模确有不同，因此学界对于秦有几个都邑观点不一，实质上是由于对都邑的概念理解不一致。关于古都的定义，史念海先生在《中国古都与文化》中将古都分为广义和狭义两种，广义上的古都是指凡是作为一个独立王朝或政权的都城，其都城已成为政治中心的就应视为古都，狭义上的古都则不仅是独立王朝或政权的都城，还应具有较长而非短暂的建都年代，其遗址的现代地理位置应该是确切的而不是臆断的，应该是距离现在有关城市较近，而非相距很远的废墟。

根据对秦历史的考察和对都城概念的理解，我们认为秦共有九个都城，即秦邑、西垂（西犬丘）、汧（qiān）、汧渭之会、平阳、雍城、泾阳、栎（yuè）阳、咸阳。在这九个都城中，西垂、雍城、栎阳、咸阳是狭义的都城，而其他五个则是广义上的都城。尽管有狭义、广义之分，但它们在秦的发展过程中均发挥过重要的作用。

秦的都城发展演变是由西往东逐渐迁徙的，这既与秦国力的强大、势力不断向东扩展有很大关系，也与地理环境有很大关系。秦原是一个西垂小国，比东方的诸侯国建立要晚近 300 年时间，国力弱小，经济落后，因此山东各国都瞧不起它，皆"夷狄遇之"。后经秦穆公、孝公、昭襄王、秦王政等历代秦王的苦心经营，国力逐渐强大，秦国一跃而成为"春秋五霸"之一，进而在战国时位列"战国七雄"，并于公元前 221 年平灭了东方六国，统一了天下，结束了春秋战国时期长期的战乱局面。随着秦国向东方的不断扩张，国都也不断向东迁移，从而不断巩固已经取得的胜利。

秦何以九都八迁

秦从襄公建国到秦二世灭亡，都城共九都八迁，从甘肃的陇东发展到陕西的关中，先后作为秦都邑的有秦邑、西垂（西犬丘）、汧、汧渭之会、平阳、雍城、泾阳、栎阳、咸阳。

秦都城不断由西向东迁徙，虽然几个都城的选择各有其主导原因，但有一点是共同的，即寻求向东方的发展，开拓更大的生存空间。秦人是从东方被迫西迁的，因此他们对东方的富庶和肥沃的土壤了如指掌。"打回老家去"可谓秦人的"秦国梦"。同时，秦要求得发展，只有向东挺进，才能有继续发展，进而统一天下的机会。但每一次迁都也有其中的特殊原因。大体来说，秦人的迁都有政治、经济、军事等原因。

政治上的原因是秦人欲不断扩展领土，壮大自己的实力，实现统一天下的夙愿。从秦襄公与戎人争夺领土，秦穆公的独霸西戎到献公、孝公时期的改革求强，秦孝公的"席卷天下，包举宇内，囊括四海之意，并吞八荒之心"（《过秦论》）及秦始皇的"续六世之余烈，振长策而御宇内，吞二周而亡诸侯，履至尊而制六合"（《过秦论》），无不表现出秦人不断渴望扩展领土、统一天下的夙愿。因此秦国的都城随着秦人东进取得的节节胜利而逐步东迁。秦即使进入关中地区以后，仍然为求发展而不停地迁都，直至迁徙到咸阳为止。从此，秦以咸阳为根据地，完成了对全国的统一。

经济上的原因是如果秦人偏居西方一隅，必然会限制其发展，陇西地区地形多样、平原狭小，对农业的发展不利；而关中的地形宽阔，既有广阔的平原，又有良好的水环境。随着都城的扩大，人口的增加，对粮食的需求愈来愈多，因此寻求肥沃平坦的土地是历代建都者必须优先考虑的问题。关中是指西起宝鸡、东到潼关的渭河中下游地区。这里南有秦岭，北有北部山系，渭河长期冲积泛滥，形成肥沃的平原，号称"八百里秦川"，既是天下肥沃的所在，又是形胜之所在。河川密布，有"八水绕长安"之美誉。正如《荀子·强国》所云："山林川谷美，天材之利多，是形胜也。"当时的苏秦在《战国策·秦策》中也称关中"田肥美，民殷富，战车万乘，奋击百万，沃野千里，蓄积饶多，地势形便，此所谓天府，天下之雄国也"。关中也是中国最早被称为"天府之国"的地方。

关中的土壤在当时全国是最好的，"厥土唯黄壤，厥田上上"，因此张衡在《西京赋》中也指出："秦据雍而强，周即豫而弱。"秦地所在的关中地区气候温暖湿润，为农业生产的发展提供了必要的条件。关中地区秦时的森林、植被茂盛，多样的地形、丰富的物产也为秦的发展提供了优厚的条件。

正由于关中地区优越的经济环境，它才成为中华民族的重要发祥地，是黄河文明的重要组成部分，我国最早的农业发源地之一。

西周时期，因为当时关中地区是西周王朝的发源地和都城所在，这里的社会经济得到了长足的发展。周为姬姓，是帝喾的后代，最初的居地在今陕西武功县东北部，大约在公元前12世纪中叶，其首领古公亶父率领其部族，越过梁山，渡过漆沮二水，来到岐山之下，进入"膴膴周原"，周原地区当时土壤肥沃，适于农作物生长。为了完成征服商王朝的大业，周文王迁都于丰，周武王在沣河以东营建镐京，并最终获得成功。

西周王朝建立之前，周族即以农业发达著称，相传周族的始祖弃就以善耕而著名，他"播时五谷"，被人们视为农神后稷。周灭商后，吸收了商王朝的经验，并发扬自身重视农业的传统，使其农业生产发展快，成就大，成为我国古代农业发展的重要里程碑，奠定了传统农业的基础。西周的畜牧业和手工业，特别是青铜器铸造也有很大发展。总之，史前至西周时期关中经济发展的良好基础，为秦立足关中打下了坚实的经济基础。

军事上的原因是关中具有易守难攻的地形优势，这也是中国古代社会前期之所以始终以西安作为都城的重要原因。

关中可谓"四塞之地"，东有黄河为阻，南有高大的秦岭，西为陇山、岍山，北有岐山、九嵕山、嵯峨山、尧山、黄龙山等，层峦起伏，道路险阻，易于设防，对外来往就靠几个关口，即东边的函谷关，东南的武关，西边的散关，北边的萧关，因而固若金汤，为人们历代称颂。《史记》指出："秦四塞之国，被山带渭，东有关河，西有汉中。""北有甘泉谷口之固，南有泾、渭之沃，擅巴汉之饶，右陇、蜀之山，左关、崤之险。"

由于关中处于中国的西部，地形上的西高东低，使秦人在向东方发动攻击的时候可以居高临下、高屋建瓴，有易守难攻的军事地理优势，故在对外战争中常常是主动的。只要守住各个关口，敌人就很难进入，真是"一夫当关，万夫莫开"。正如贾谊在《过秦论》中说："秦地被山带河以为固，四塞之国也。自缪公以来，至于秦王，二十余君，常为诸侯雄，岂世世贤哉？其势居然也。"《史记》中商鞅对孝公曰："秦据河山之固，东向以制诸侯。"优越的军事地理优势，对于秦建都关中乃至于统一全国起到了重要的作用。秦都城之所以多次迁徙，正是在不断总结经验教训的过程中，寻求更适宜于发展的地方，由最初偏居西垂到后来迁至关中的咸阳，才真正找到了最佳之地。

秦都城发展的四个阶段

秦的都城发展可分为四个阶段，即雍城以前的都城、雍城、泾阳和栎阳、咸阳。雍城以前即秦德公以前，其都城包括天水附近的秦邑和西垂（西犬丘），关中的汧、汧渭之会和平阳。

平阳及其以前的秦都城在秦的都城发展史上是一个探索性的阶段，属于秦都城的早期阶段。由于秦当时的国力还比较弱小，其都城的规模也很小，仅有个别宫殿或宗庙而已。如秦在西垂仅有西垂宫和西畤（zhì），甘肃礼县的大堡子山已发现了属于诸侯级的"中"字形大墓及其陪葬坑。秦襄公时因护送周平王东迁有功，被封为诸侯，很快秦人便越过陇山进军关中地区，先后建都汧、汧渭之会、平阳，直到都城平阳时，史书才记载平阳有宫垣，但迄今尚未发现，说明平阳及其以前的都城规模很小。

秦德公时迁都雍城，居雍大郑宫。雍城作为秦都城达 255 年之久，在秦都城发展过程中具有里程碑的作用。栎阳则是秦为了便于攻击东方的晋国和三家分晋以后的魏国而修建的临时性、军事性都城，其目的纯粹是为了对东方的战争。

迁都咸阳是秦孝公十二年的事，是秦都城建设中的一件大事，一直到秦统一乃至灭亡，咸阳一直是秦的都城，作为都城的时间长达 144 年。咸阳建设规模不断扩大，由秦孝公时的渭北地区发展到昭王时的渭南地区，到秦始皇时更进行了大规模的建设，形成"渭水贯都，以象天汉"的规模。秦的都城在修筑上都至为豪华，采用了当时最先进的建筑材料，选用了最优秀的工匠及设计师，因而其都城建筑水平也达到了当时的极点。可惜项羽入关后一把火把咸阳城付之一炬，留给我们的只有烧红的土墙及焚毁后的建筑材料。尽管如此，经过考古工作者的辛勤钻探和发掘，我们得以复原当时都城的壮观情况。

秦都城的建造艺术很讲究，秦统治者在建造都城时都不惜人力、财力、物力，极尽奢华，建筑水平愈来愈高。从已发掘的秦都雍城、栎阳、咸阳来看，都城的规模宏大，气势壮观，用材讲究，设施齐全，加上高超的建筑水平，使都城显得辉煌壮丽。秦的宫殿大多建在高大的夯土台上，既能显示王宫的雄伟和气势，又能充分利用高台的有利地形建成楼阁式建筑，给人一种威严高大的效果。考古工作者在秦都咸阳的宫殿中已发现了壁画，其色彩艳丽、内容丰富，充分反映出宫殿的豪华。在秦都雍城、栎阳、咸阳都有市场的设置，从已发现的遗址和文物可以看出当时都城市场的繁荣。

《左传》曰："国之大事，唯祀与戎。"一个完整的都城是不能没有宗庙社稷的。纵观中国历代的都城建筑，必有宗庙社稷。在都城建设中均有由天子正宫、百官衙署、宗庙、社稷等组成的一套特有建筑，其中最显著的是宗庙社稷。

除了宫殿之外，君王的陵墓和苑囿（yòu）是都城建设中必须予以规划的，秦公帝王陵和苑囿均在都城的附近。随着都城的逐渐东移，秦陵大体分为西垂陵区、雍城陵区、栎阳陵区、咸阳陵区四大部分。在咸阳陵区中既包括咸阳渭北的秦惠文王、秦武王陵区，又包括位于骊山西麓的东陵和骊山北麓的秦始皇陵。这些陵墓有机地与都城连在一起，成为都城建设中一个重要部分，其陵墓的东移是"陵随都移"规律的反映。为了祭祀和管理的方便，必须在都城附近寻找地势高敞之地，作为帝王的陵园。

秦文化的特征与启示

从秦人开始成为诸侯国到秦王朝的建立，中间经历了近 600 年的漫长岁月。在这数百年发展过程中，秦文化上承殷周文化，下启汉唐文化，居于承前启后、继往开来的特殊而重要的位置。秦文化的发展，经历了秦族、秦国与秦朝三个历史时期。特别是定都咸阳以后，从秦孝公到秦始皇，秦国从一个周王室的边远诸侯国，发展为称雄东方的大国，进而灭六国，统一天下。咸阳也由诸侯国的都城上升为中国历史上第一个大一统王朝的国都，成为名副其实的"中华第一帝都"。而"秦文化"是嬴姓秦氏先祖和秦族人在秦氏文化基础上开创的人类文明成果，是中华民族宝贵的历史文化遗产。在秦统一中国后，在一定的历史阶段，秦文化上升为占据主导地位的全国性文化，作为秦政治、经济、文化、军事中心的所在地，帝都咸阳也成为秦文化的集中传承地，与秦的发展兴衰有着密切的关系。

其中，秦文化在数百年的发展过程中形成了自己鲜明的特征，足以启发后世，表现在以下几个方面：

一是"变国不法古"（《商君书·更法》）的原创性。秦文化的代表人物秦始皇在中国历史上的杰出贡献不仅在于他顺应历史潮流，实现了古代中国由诸侯割据向统一的转变，而且在于他在这一转变中对每一个历史关节点的准确把握和驾驭，创立了一种影响中国古代社会两千多年的政治制度。无论是为加强中央集权而构建一套相互制约、监督体系完整的制衡机构，还是为维护国家主权和领土完整而探求的以"郡县制"为框架，以地方基层政权建设为基础的单一政体，秦始皇所从事的实践都是具有开创意义的。

秦的都城建设也是这样。在商鞅变法以前，秦的都城基本上是仿照他国都城的形式，或者说就是吸收周文化，因而在都城的建设上基本都是按常规发展。商鞅变法以后，秦国很快强大起来，形成了自己的秦文化特色，即鲜明的功利主义色彩，对旧的东西虽有继承，但是更多的是根据实际需要而行事，经常僭越礼制的束缚，形成了自己的风格，并对后世的都城也产生了深远的影响。

二是"士不产于秦，而愿忠者众"（《谏逐客书》）的开放性。秦自己培养成长的人才并不多，但是秦对外来人才不拘一格。这是秦人的一个优良传统，秦穆公时期的百里奚、蹇（jiǎn）叔，秦孝公时期的商鞅，秦惠文王时期的张仪，秦昭王时期的苏秦、范雎（jū）、蔡泽、魏冉，秦始皇时期的吕不韦、李斯、韩非、尉缭、郑国，都是外来的杰出人才，他们不仅在秦国找到了实现其政治抱负的舞台，而且这些人才的引进，带入了大量外部世界的新信息、新观念，对促进人文精神融合发挥了显著的引领作用。而更值得称道的是，秦国统治者对待外来知识分子的姿态。据史书记载，秦孝公当年与商鞅探讨变法图强，常常通宵达旦。每当思想碰撞出火花的时候，双方都情不自禁地向对方的座位移动，以至双膝相促。尉缭尽管讲了秦始皇的坏话，但秦始皇为了使用这个人才，仍然让他来做最高军事长官国尉，从而使其在统一过程中发挥重要作用。秦人的这种胸怀，使得秦国成为当时人才云集的舞台。

三是"河海不择细流"的包容性。李斯在《谏逐客书》中对秦文化吸纳性的概括，有助于我们了解秦人"海纳百川"的文化视野。其他诸侯国文化在秦国得到了发扬光大。尽管在秦建都咸阳的144年中，法家思想作为主流意识形态一直占据着主导位置。然而，事实上从秦孝公建都咸阳时起，咸阳就一直是一个诸子百家十分活跃的舞台。在商鞅变法的初期，的确存在着"燔《诗书》，明法令"的禁绝儒术政策，但这只是一个很短的时期，到秦昭王时，学术风气已经出现了"纳六国之士"的可喜变化；特别是在秦始皇执政以后，吕不韦召集六国三千学子于咸阳，编撰《吕氏春秋》，兼采各家学说，开了秦国学术的新风。在统一过程中，秦把六国的宫室仿建在咸阳都城中，吸收了东方六国建筑的精华，也鲜明地体现了秦文化的开放性和包容性。

四是坚韧不拔、开拓进取性。秦人有着执着的进取精神，不管是在西迁还是东进过程中，这种精神都表现得淋漓尽致。秦国从公到王，从王到皇帝，都是统一战争的支持者和推动者。从秦穆公开始，便"益国十二，开地千里，遂霸西戎"（《史记》），成为"春秋五霸"之一；秦孝公时，提出要"成帝王之业"；秦惠文王时，张仪劝惠文王"以成伯王之名"（《战国策》）；秦武王时，"欲车通三川，以窥周室"（《战国策》）；嬴政时，提出"横成则秦帝，纵成即楚王"（《战国策》），秦始皇"奋六世之余烈，振长策而御宇内"（《过秦论》），只用了10年时间便统一了天下，结束了春秋战国时期的长期分裂割据状态，建立了中国历史上第一个统一的、多民族的大帝国。

而秦都城和秦不断攻伐进取的关系可谓相辅相成，秦人迁都的目的是取得更多的土地，而通过军事战争，秦人不断向东发展，从最初的西垂一隅，到后来占领岐、丰之地，占领黄河以西，通过函谷关和武关消灭关东六国，攻取了全国的土地，实现了全国的统一。在秦建都咸阳以前，每往前取得一些土地，为了巩固获得的土地，便把都城向东迁徙，直至统一天下，咸阳成为第一帝都。

同时，秦都城的发展演变正是秦经济不断发展的缩影。当秦公还局限在平阳之西的都城时，由于秦人刚立国不久，经济还比较薄弱，因此，当时的都城规模都比较小，建筑也比较简单，甚至连宫城的城墙都没有修建。到雍城后，秦人已进入富庶的关中较长一段时间，经济上已具备了一定的实力。因此，建筑了规模比较大的雍城及一些离宫建筑。等到咸阳都城建设时，秦已基本上占领了关中地区，秦的国力迅速壮大起来。特别是随着秦对六国战争的不断胜利，便可以集中全国的人力、物力、财力修建都城，使秦都咸阳出现了飞跃的发展。秦的都城横跨春秋战国时期，又经过实现了全国统一之后的秦王朝时期，因此从其都城的发展脉络可以了解这一时期中国古代都城的发展形式及特点。秦人数百年的辗转迁徙、颠簸流离的历史，培养了秦人吃苦耐劳、勇于创新的精神，也正是这一点，使秦人从一个西垂小国发展成战国七雄，并统一全国，建立千秋伟业。

五是管理的科学与严格性。秦王朝虽然短命而亡，但我们从大量的考古资料可以看出，秦的管理是严格的，值得我们借鉴。如秦始皇陵兵马俑和兵器制作中的责任制，即"物勒工铭，以考其诚"。在兵马俑的身上目前已经发现了80多个不同的制作者姓名，便于官府检查与监督。在云梦秦简和里耶秦简中都有大量关于严格与科学管理的内容。

六是尚武习性。秦人之所以能够百战不殆、攻灭六国、统一天下，尚武的传统是重要因素之一。秦人早期与西北戎狄杂居，由山区而平原，由林牧而农耕，艰难地发展着有自己特色的经济文化。严酷的环境使得他们在建国与扩张的过程中，经常和其他部族为争夺生存空间进行频繁的战争。戎狄强悍的民风对秦人产生了影响。也正因为"秦杂戎翟之俗""秦与戎翟同俗"（《史记》），东方诸国对秦人"夷翟遇之"，表现出很深的文化隔阂。秦文化尚武倾向的另一面是轻文。如果说秦能实现统一，成之于尚武，那么它的短促灭亡，则肇因于轻文，也是符合历史事实的。轻文，还表现在对实用之术的重视和对文化建设，特别是理论建设的鄙薄，这也是有史为证的。

七是好大喜功的特征。秦为什么叫大秦呢？实际上就是跟好大喜功是有关系的。与春秋战国时期其他国家的都城不同，咸阳都城不建外郭城，正是这种崇尚"大"和"多"的秦文化的反映，都城一直在无限制地扩大，要不是秦末社会动乱，秦朝灭亡，秦的都城还会修得更大。秦始皇陵园面积达56.25平方千米，以及万里长城的出现，这些帝国的大工程，在给后人留下了大量的文化遗产的同时，也为秦的灭亡起到了加速的作用。秦都咸阳的建设与东方进行战争及统一六国是同步进行的。因此，既要营建都城，又要进行统一的战争本身之间有矛盾，两项工作都要大量耗费国家的人力、财力、物力。修建"渭水贯都"的咸阳和关中地区的三百离宫别馆势必要大量使用劳役。仅修建阿房宫和秦始皇陵就使用了70多万人，还不算都城的其他项目，既损耗了国家的财力，极大地破坏了社会生产力，同时又增加了劳动人民的负担，增加了老百姓的赋税徭役，使本来应该从事生产的人都去从事与生产无关的事情，从而导致了广大劳动人民的不满，终于爆发了农民战争，推翻了秦的统治。都城咸阳也被项羽付之一炬，火焚三月不灭。秦亡之教训使代之而起的西汉开国皇帝刘邦记忆犹新。在汉初萧何负责修建未央宫时，刘邦见宫阙异常壮丽，非常生气地对萧何说："天下匈匈劳苦数岁，成败未可知，是何治宫室过度也？"说明秦亡的教训仍萦绕他心中。

秦公镈（bó）

年代：春秋（前770—前476）
1978年宝鸡市陈仓区太公庙出土
宝鸡青铜器博物院藏

秦公镈铭文

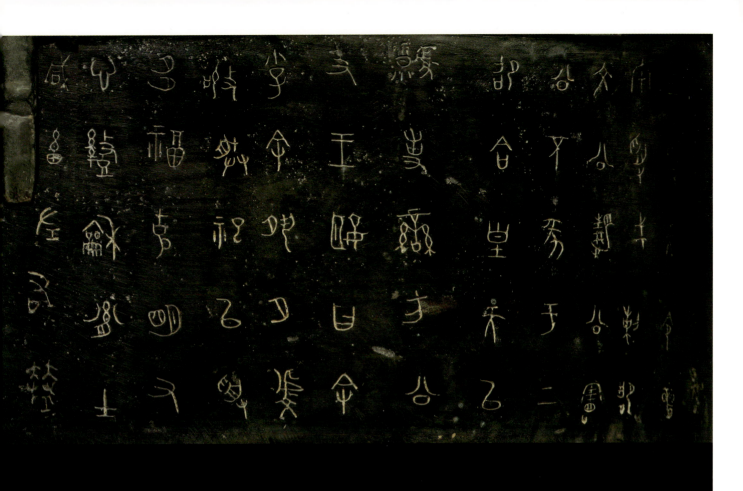

玉琮

年代：春秋（前770—前476）

用途：礼器

凤翔县城关镇瓦窑口村出土

凤翔县博物馆藏

环带纹簋（guǐ）

年代：春秋（前 770—前 476）
凤翔县孙家南头出土
宝鸡青铜器博物院藏

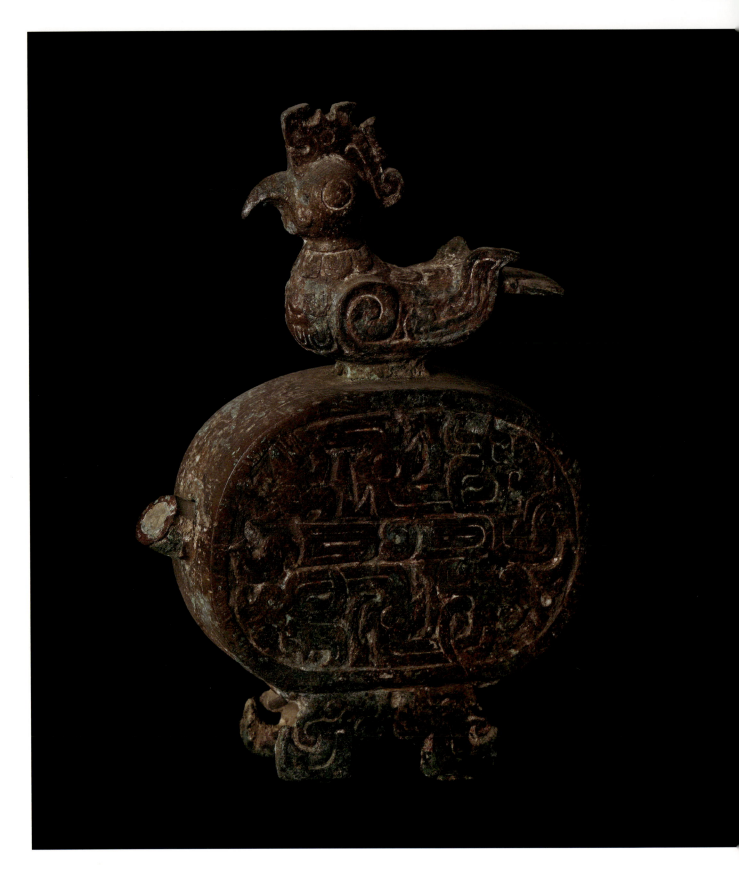

铜盉（hé）

年代：春秋（前770—前476）
陇县东南镇边家庄村出土
陇县博物馆藏

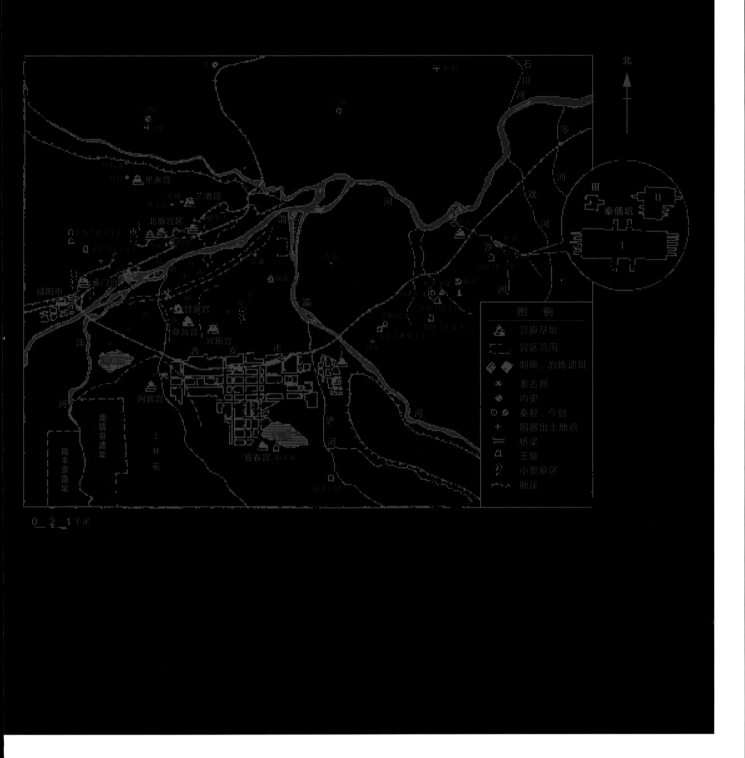

帝都咸阳局部示意图

引自《考古与文物》2008 年第 6 期

鹿纹瓦当

年代：战国（前 475—前 221）

凤翔县雍城遗址出土

陕西历史博物馆藏

四虎纹瓦当

年代：战国（前 475—前 221）

西北大学博物馆藏

夔（kuí）龙纹半瓦当

年代：春秋（前 770—前 476）

凤翔县出土

凤翔县博物馆藏

夔纹大瓦当

年代：秦（前221—前206）

西北大学博物馆藏

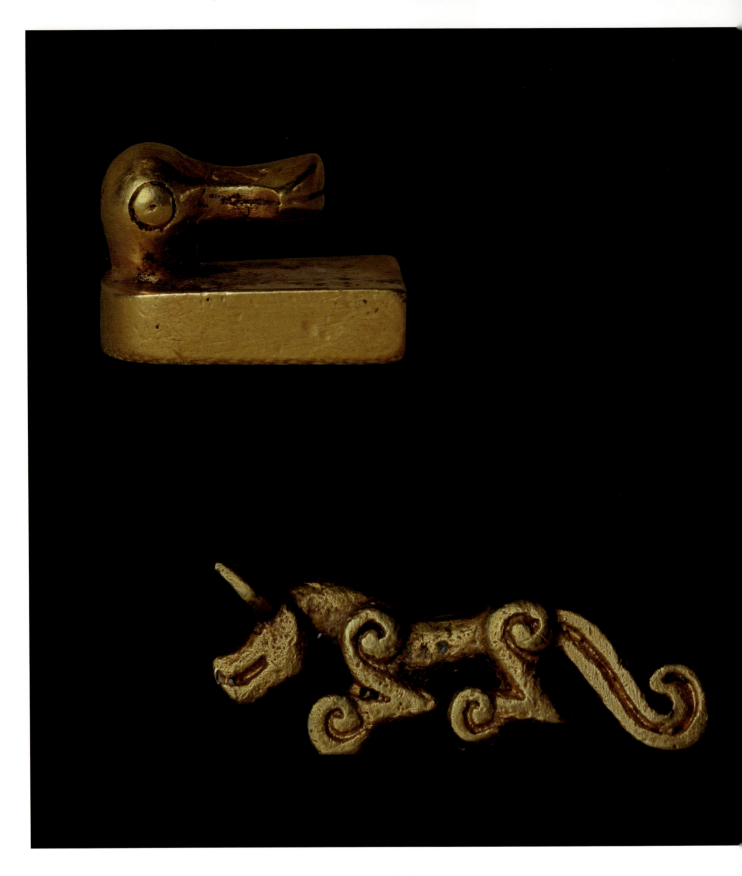

金带钩

陕西历史博物馆藏

金虎

年代：春秋（前 770—前 476）
凤翔县南指挥村秦公一号大墓出土
陕西历史博物馆藏

金羊虎饰

年代：春秋（前 770—前 476）
凤翔县马家庄出土
陕西历史博物馆藏

嵌错虺（huǐ）纹虎耳铜壶

年代：春秋（前 770—前 476）

户县黄堆村出土

陕西历史博物馆藏

"重卅斤"铜权

年代：秦代（前 221—前 206）

用途：衡器

西安市阎良区塬头村出土

陕西历史博物馆藏

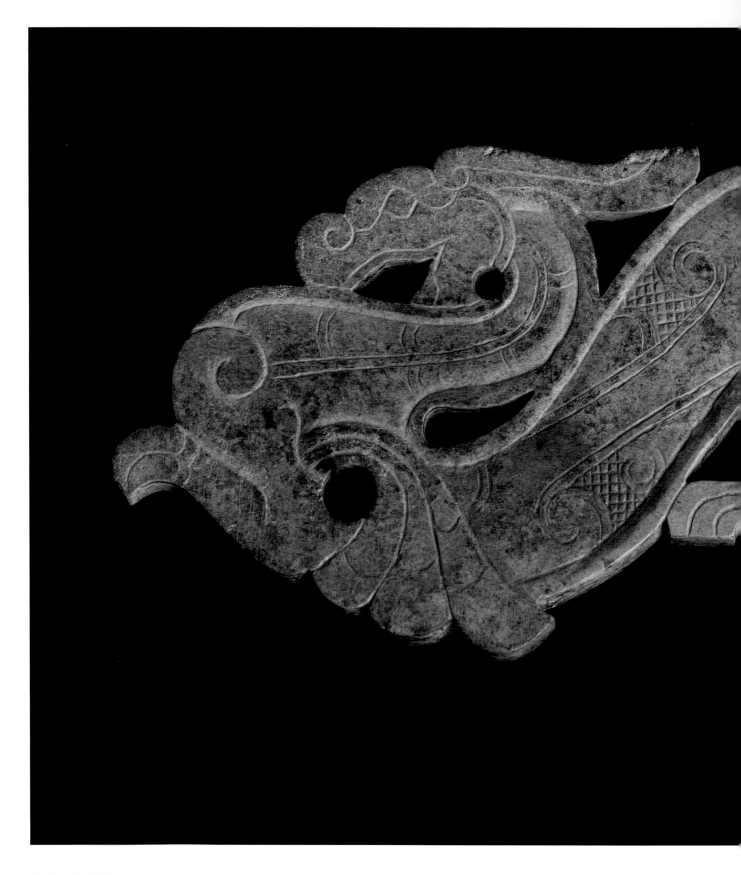

龙凤合体玉佩

年代：战国—秦（前 475—前 206）
咸阳博物馆藏

羊头车軎（wèi）

年代：战国（前475—前221）

用途：车饰

西安市三桥镇出土

陕西历史博物馆藏

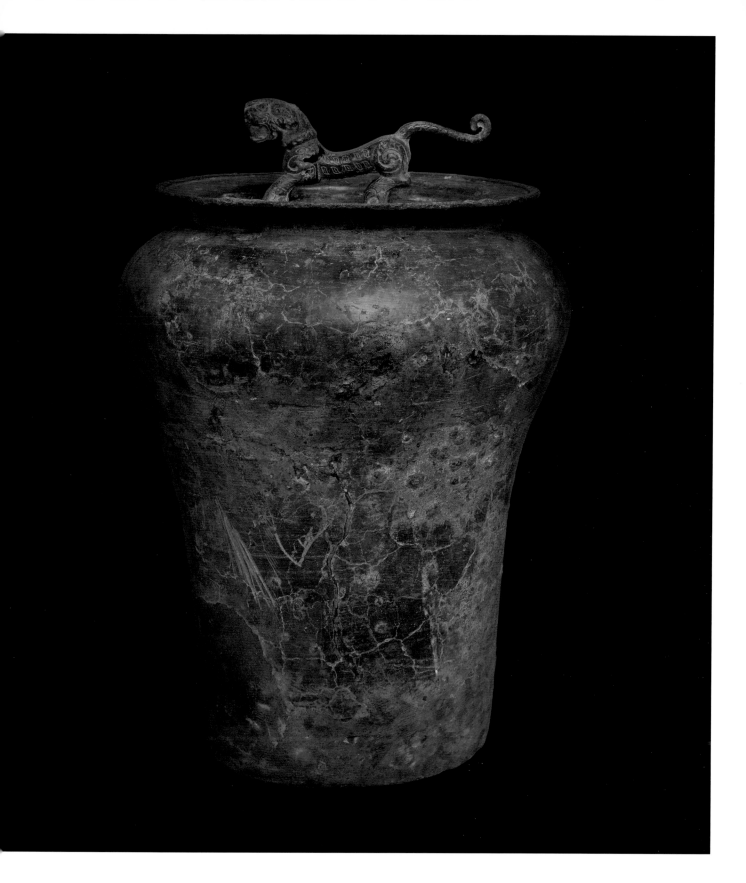

虎钮铜錞于

年代：战国（前475—前221）

安康市出土

陕西历史博物馆藏

青铜龙

年代：战国—秦（前 475—前 206）
陕西历史博物馆藏

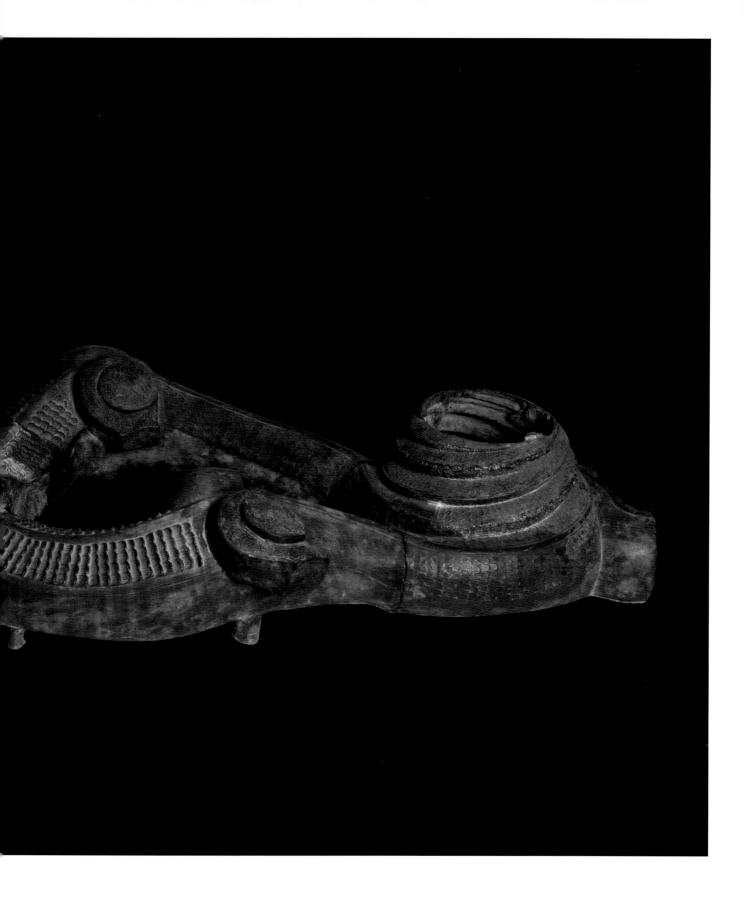

虎钮铜錞于细部

铜编钟

年代：战国（前 475—前 221）
咸阳市渭城区出土
陕西历史博物馆藏

石磬（qing）

陕西历史博物馆藏

龙纹空心砖

年代：秦（前221—前206）

陕西历史博物馆藏

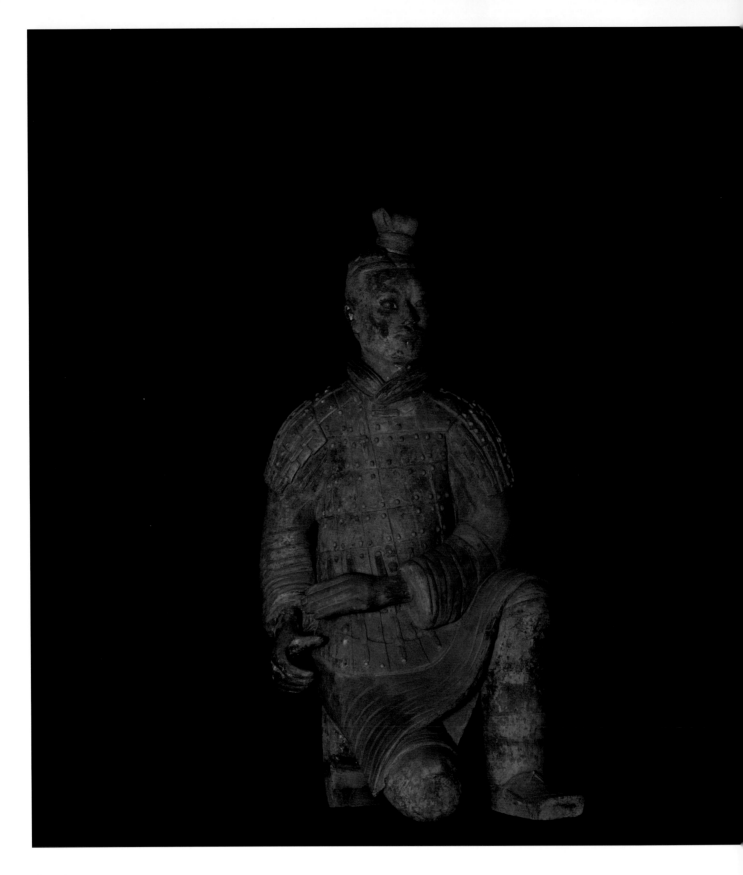

跪射俑

年代：秦（前 221—前 206）
秦始皇帝陵博物院藏

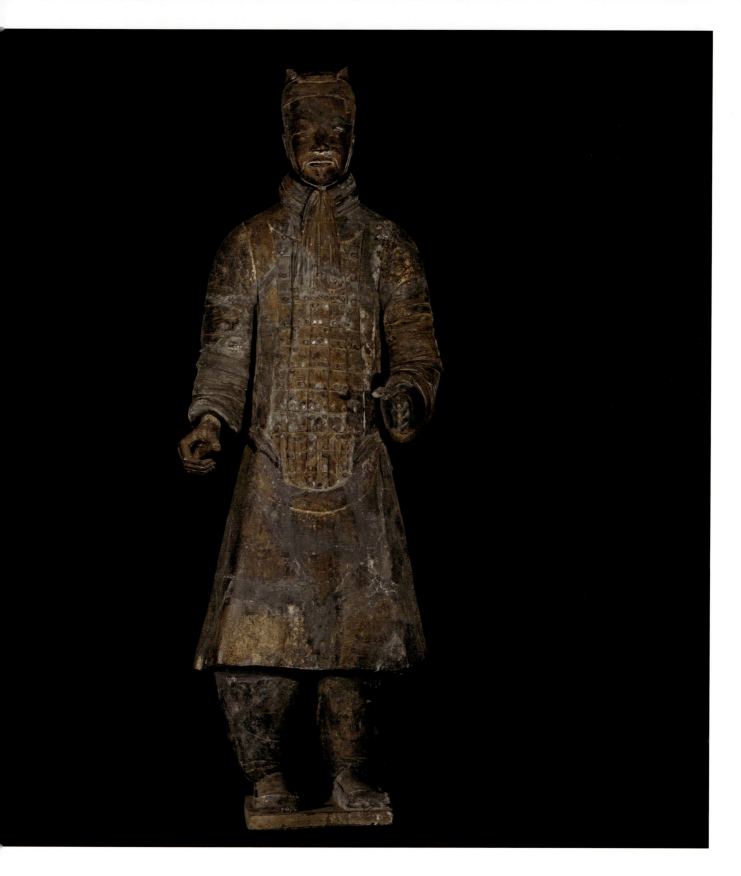

中级军吏俑

年代：秦（前221—前206）
秦始皇帝陵博物院藏

一号铜车马

年代：秦（前 221—前 206）

秦始皇帝陵博物院藏

秦早期都城

帝国都城的基础

帝都咸阳之前，秦人已经经历了八个都城，对咸阳有着重要的影响。因此要了解帝都咸阳，就要回顾秦都城的发展演变，以及咸阳之前的这些都城。

秦早期都城是指秦在建都雍城以前的都城，之所以这样划分，是因为这一时期的都城与后来秦的都城有较大的差别，当时秦国力弱小，都城规模较小，还处于探索发展的阶段。雍城以后都城的规模扩大，布局讲究，而且形成了自己的特色。

1. 秦人到底从哪里来

秦人的历史悠久，秦文化源远流长。秦人崛起于陇右，据司马迁《史记·秦本纪》记载，秦的先世出自颛顼（Zhuānxū），到商代晚期的中潏（yù），已经"在西戎，保西垂"。西周中叶，非子居于犬丘，因为周孝王时养马有功，得为附庸，封邑于秦。

学界对秦人来源历来争论不休，在 20 世纪形成了嬴秦由东方到西方，再由西方发展壮大的"东来说"和嬴秦产生于西方而发展壮大的"西来说"。但是都承认秦人是从甘肃天水一带发展壮大起来的，秦人自中潏迁居西犬丘到秦襄公进军关中后，就一直活动在今甘肃天水一带，后世流传的甘肃秦川、秦城、秦安、秦亭、秦谷等地名，都与秦人的早期活动有关。考古工作者经过对清水县李崖遗址、甘谷县毛家坪、秦州区天水镇董家坪遗址的考古调查和发掘，发现了西周时期的秦文化遗存，为探讨秦人的早期活动提供了依据。

早期秦文化的考古，最早可追溯到 20 世纪 30 年代北平研究院发掘的宝鸡斗鸡台 11 座屈肢葬墓。而对于秦文化的起源进行系统的考古调查研究，则是 80 年代以后的事。1982 到 1983 年，北京大学考古系和甘肃省文物工作队在甘肃省甘谷县盘安镇毛家坪发掘出了属于西周到春秋时期的秦文化遗存。这是最早在甘肃发现的秦文化遗迹。毛家坪遗址发现的重要意义在于首次确认了西周时期的秦文化，为探索秦文化起源提供了一个更早、更可靠的基点，并使大多数研究者把追溯秦文化起源的目光指向了东方，对于研究秦的早期文化具有指标性意义。

秦人是从东夷逐步迁徙到甘肃天水附近的。东夷诸部在夏末以前的传统居地是我国东方的济淮流域，即今日山东省的中南部、河南省的东部及江苏、安徽的北部。那么秦人为何要西迁呢？这得从东夷与夏商的关系说起。

夏朝初年东夷分为九部，史称九夷。东夷曾在夏启死后乘夏内部混乱之机，率领东夷人袭取夏都安邑，统治夏国和东夷之地。到夏后相子少康时，在有虞和有鬲（gé）氏的支持下，杀寒浞，平定了夷人的反抗，恢复了夏王朝，史称"少康中兴"。少康子后杼率领夏军一直打到东海边，使"九夷来御"。从此秦人开始西迁。《后汉书·西羌传》也载："后桀之乱，畎夷入居邠岐之间。"秦人的第二次西迁发生在商朝末年，是从今山西省汾河流域开始西迁的。商王朝时，秦人得到重用，然而由于秦人对商朝的过于忠诚，遂在无形中成为"助纣为虐"的人，被后来灭商自立的周朝所冷落。

到秦非子时，由于善于养马，秦人取得了周人的信任，周秦关系开始向良性发展。而且这时西戎势力开始强大，直接威胁西周王朝的后方，于是西周王朝封秦首领秦仲为大夫，令秦人伐西戎。秦人尽心尽力攻伐西戎，连秦仲都在与西戎的战争中被杀，周遂命其长子庄公继续伐戎事业，夺回西犬丘，庄公于是被封为西垂大夫。从以上的文献记载来看，秦在西迁过程中曾到达甘肃东部一带，在这一带得到了发展，建立了秦早期的都城秦邑和西垂（西犬丘）。

秦人来源于东方。在秦人立国之前，秦人经过了不懈的长期奋斗，在诸戎环绕、生死未卜的命运中突围而出，终于摆脱了灭亡的命运。在险恶环境中的秦人，忍辱负重，不断取长补短，汲取戎族文化中的积极因素，以广阔的包容襟怀，不计流放迁徙之仇，积极学习周的先进文化。秦人之所以能在极为艰难的环境下能不忘初心，知难而进，一步一个脚印奋力向前，是因为秦人有一个宏大的追求，这也就是秦人的强国梦。秦人这种在逆境中求生存，愈挫愈勇、奋发图强的精神，为以后不断东迁，以新的都城为前进的起点，最终一统天下提供了源源不断的强大动力。

2. 秦早期都城

秦人早期都城是指秦人在建都雍城之前的都城，先后经过秦邑、西垂（西犬丘）、汧、汧渭之会、平阳五个都城。

据《史记·秦本纪》记载：由于非子善于养马，周孝王遂"分土为附庸，邑之秦，使复续嬴氏祀，号曰秦嬴"。从"邑之秦"可看出，秦人曾以秦为都城。

从史书记载来看，秦邑应在秦川。秦川有故秦亭，即是秦的都城秦，为非子所封之地。通过近几年的考古发掘资料，我们可以看出清水县李崖遗址就是非子的秦邑所在。李崖遗址位于县城西北牛头河与樊河的交汇处，西临滴水崖沟，北依邦山，台地发育良好，符合城邑的自然条件，面积 100 万平方米，文化层深厚，遗存十分丰富，已经被公布为国家级重点文物保护单位。山顶古城原残存城墙长 50 余米，高 1—2 米，地表采集到大量西周时代的陶片，器形有鬲、瓮、盆等。目前考古工作者已发掘遗址面积数千平方米，清理墓葬近 30 座，出土陶鬲、陶罐等 150 余件，灰坑 120 个，各类标本10000 多件，从墓葬出土器物判断属于西周中期，与秦非子牧马封邑时代相符；从墓葬形制看，2010 年发掘的 4 座墓葬均为土坑竖穴，有棺有椁或有棺无椁，为东西方向，头向西，三墓为仰身直肢葬，一墓为仰身下肢微屈。四墓均带腰坑，坑内殉狗。陶器组合为鬲、簋、盆、罐，年代均为西周时期，部分陶器具有明显的商式风格，具有典型秦人葬俗特点。

西犬丘和西垂实则是一地两名。20 世纪 90 年代，甘肃礼县的大堡子山成为学界关注的焦点，在这里发现了秦公大墓，从而为我们寻找秦的西犬丘提供了十分重要的资料。两座大墓有代表诸侯级墓葬的"中"字形墓，墓葬中有丰富的文化遗存，虽然被盗掘和破坏，但是经过考古工作者的努力，仍然为我们留下了不少的考古资料，在这一墓葬内还发现了不少的金器、青铜器和陶器。2006 年考古工作者在秦公陵附近发现了大型的秦公编钟和大型建筑遗址，更加证明这里应是西犬丘的政治中心都城所在。

汧邑是秦人进入关中以后建立的第一个都城，位于陕西省宝鸡市陇县的边家庄，考古工作者在此发现了很多春秋时秦墓地，发掘墓葬30多座。这些并非此处墓地的全部，但往往是五鼎四簋的高等级墓。在边家庄墓地东南约1500米的磨儿原村西有一座古城址为春秋城址，与边家庄墓地处于汧河西岸的同一片台地上。

　　秦人很快离开汧邑，沿汧河来到汧渭之会。"汧渭之会"顾名思义，是汧水流入渭水的地方。汧水是渭河的支流，由于两千多年来河流的摆动和变迁，秦时的汧渭之会所在目前地面上很难找到遗迹，从而引起了对其地望的争论，目前关于汧渭之会的地望众说纷纭，莫衷一是。我认为汧渭之会在汧水以东、渭河以北的千河乡魏家崖一带。这里地形高而平，正好在凤翔原（三畤原）的西端，其西为汧河，其南为渭河，无论从地形还是从交通环境而言，都符合建都城的条件。

　　考古资料也可以说明秦人在魏家崖建过都，在此发现过不少秦时的金器、铜器和陶器。2003年，陕西省考古研究所在凤翔县西南约1500米处的汧河东岸台地上发现了200余座秦墓葬，显然是一处大型的秦人墓地，在清理的31座秦人墓葬中，既有平民墓，也有身份较高的贵族墓。墓葬时代均为春秋早中期，早于秦都雍城的时代。特别是考古工作者发现了一座随葬铜器为五鼎四簋组合的中型墓葬，墓内有5个殉人，还有1座陪葬车马坑，可以看出绝非一般人的墓葬，当为大夫级的墓葬。这一发现为秦汧渭之会地望的确立找到了更有价值的线索。2014年又在宝鸡市高新区千河镇魏家崖村发现12件青铜器和一些青铜残片，以及铜铃、玉玦、兽骨等文物，共出土文物30件（组），为春秋早期士大夫墓葬。这批文物的发现，给研究春秋早期秦人历史，特别是寻找秦都城"汧渭之会"提供了新线索。

　　宪公二年（前714），秦人迁都平阳。平阳是宪公新立的都城，又叫"西新邑"。关于平阳的地望，文献中多有记载。1987年，考古工作者在宝鸡市陈仓区太公庙村发现一套大型青铜礼乐器，计有秦公镈3件、秦公钟5件。器形硕大，是王家祭祀所用器物。出土地东距今阳平镇3500多米，南临渭水，北倚凤翔原，为渭水北岸第一阶地。据考古调查和发掘，这一台地西起宝鸡陈仓区虢镇，东迄今宁王村一带，东西长约15千米，南北宽1000多米，在此范围内的阳平、秦家沟、大王村、南阳村、窑底村、太公庙村、东市泉村、西市泉村、李家堡、贾家崖等地均有堆积丰富的春秋、战国时期秦的遗物。台地在太公庙村一段，地势高亢开阔。在太公庙村以东不远处现仍有宁王村村名，"宁"的繁体字"寧"与"宪"的繁体字"憲"字形近，当是后人误为"宁"，实际上应为宪王村，与秦宪公在此建立都城有关。宁王遗址位于宝鸡市陈仓区阳平镇东数千米的宁王村北的台地上。南面俯视渭水，北依凤翔原，也就是历史上的三畤原。2013年考古工作者在太公庙附近发现的"中"字形和"甲"字形大墓，无疑为寻找平阳城的具体地址提供了第一手的资料。

　　当秦的都城迁至平阳时，秦已相对强大，因而在都城建设上比以前规模要大一些。《汉书·郊祀志》载汉成帝时，"雍大雨，坏平阳宫垣"。说明秦时的平阳可能有宫城，直到汉时仍作为离宫使用。

3. 秦早期都城何以频繁迁徙

在战国以前，迁都之事就已经常见于史书。夏时的都城除了考古发现的二里头遗址，其他都城据记载还有多处，近些年的中华文明探源工程为寻找夏王朝的都城提供了重要的资料；商王朝都城迁徙不定，从郑州商城到偃师商城，再到殷墟，史载至成汤已八迁，至盘庚迁殷时又已五迁；西周的都城由西而东多次迁徙，从周原到丰镐；春秋战国时大多数国家也常常迁都，战国时的韩国五易其都，楚、赵都三易其都。

以上这些迁都的原因，有些是主动的，迁都的目的都很明确，另寻合适的生存环境；当然也有被动的，或者是由于自然灾害，或者是由于外敌入侵。

从秦人立国后早期频繁的迁都可以看出，其原因完全是主动的，是为了更大的目标而选择更合适的地方作为根据地，这也是秦人后来之所以能称霸天下的一个重要原因。

在秦前期近百年的时间里，便数易其都。这是因为秦在成为诸侯国后，虽得到了周天子的承诺，赐予岐以西之地，但只是一张空头支票。当时的岐以西之地，基本上为戎狄控制，而且势力强大，连周天子也被逼得东徙洛阳。秦国当时的势力薄弱，要得到岐以西之地，绝不是容易的事，因此秦人以坚韧不拔的精神，采取步步为营、稳扎稳打的办法，每前进一步，便扎下根，建设都城，向四方扩展领土，然后再向前推进。

同时，在东进的过程中，秦人也对占领区的地形环境进行观察，以便选择较为理想的地方作为都城，随着占领的土地越多，选择的机会也多起来，因此完全可以说是优化选择和充分利用优越地理环境的过程。这也是秦德公以前数易其都的原因。

总之，秦在雍城以前的都城还处在探索阶段，在探索的过程中，频繁更换都城是正常的，但从数易其都的情况来看，所建都城的地理环境愈来愈好。随着秦人越过陇山后不断向东发展，地形愈来愈开阔，土地越来越肥沃、平坦，适于农业生产的发展，交通和文化愈来愈发达，从汧河岸边，到汧渭之会，再到渭河岸边，八百里秦川，土地的开发程度越来越高，更适宜建造规模庞大的都城，这为秦的发展强大，乃至最终统一天下奠定了坚实的基础。

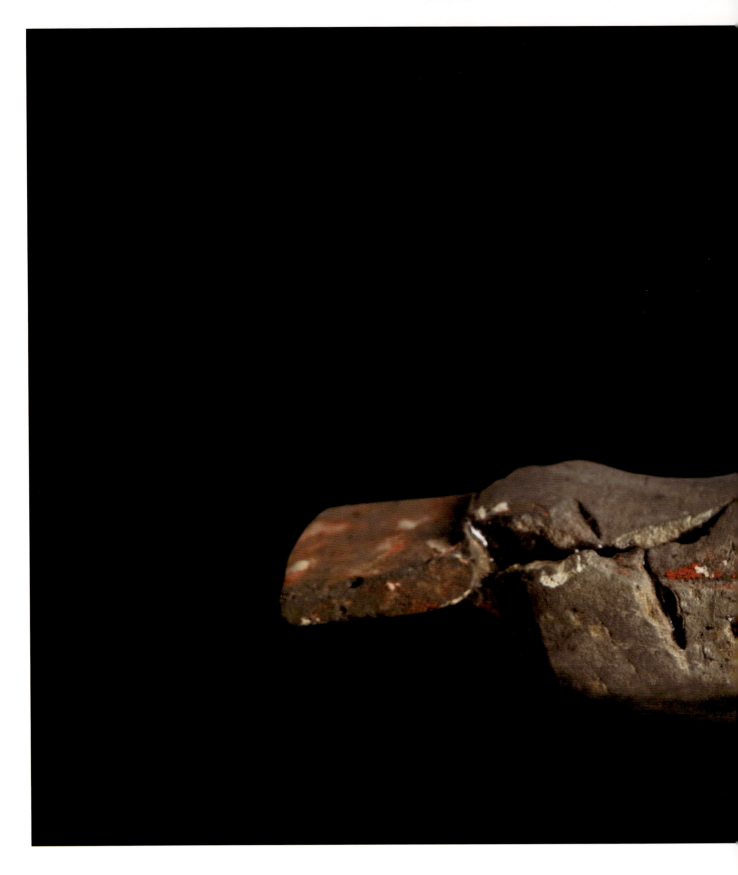

陶鸟

年代：战国（前 475 — 前 221）
宝鸡青铜器博物院藏

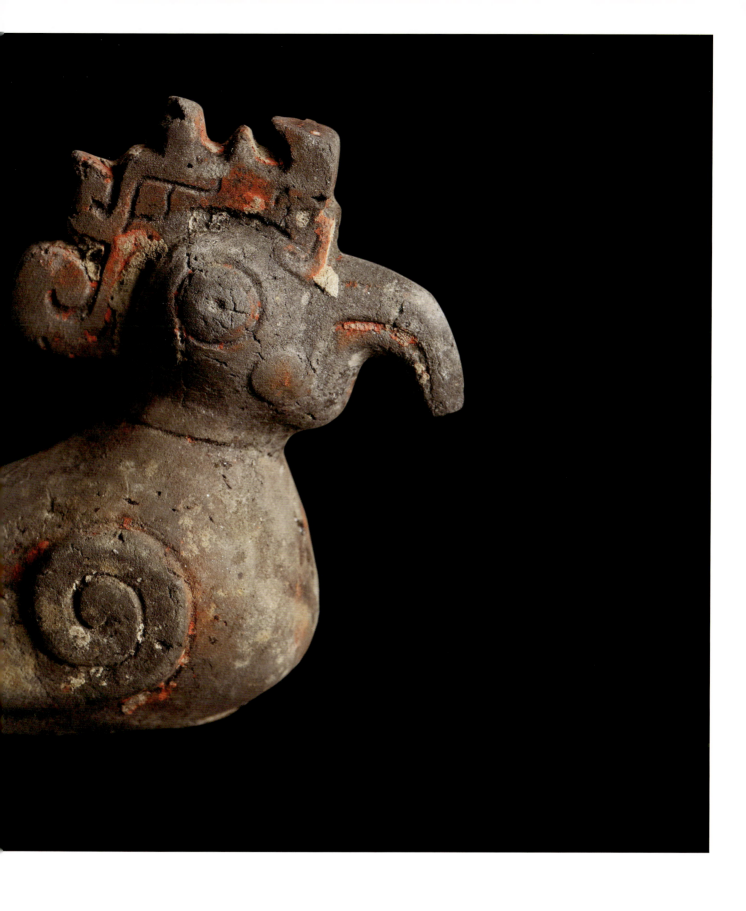

彩绘陶壶

年代：春秋（前 770—前 476）

凤翔县八旗屯村出土

陕西历史博物馆藏

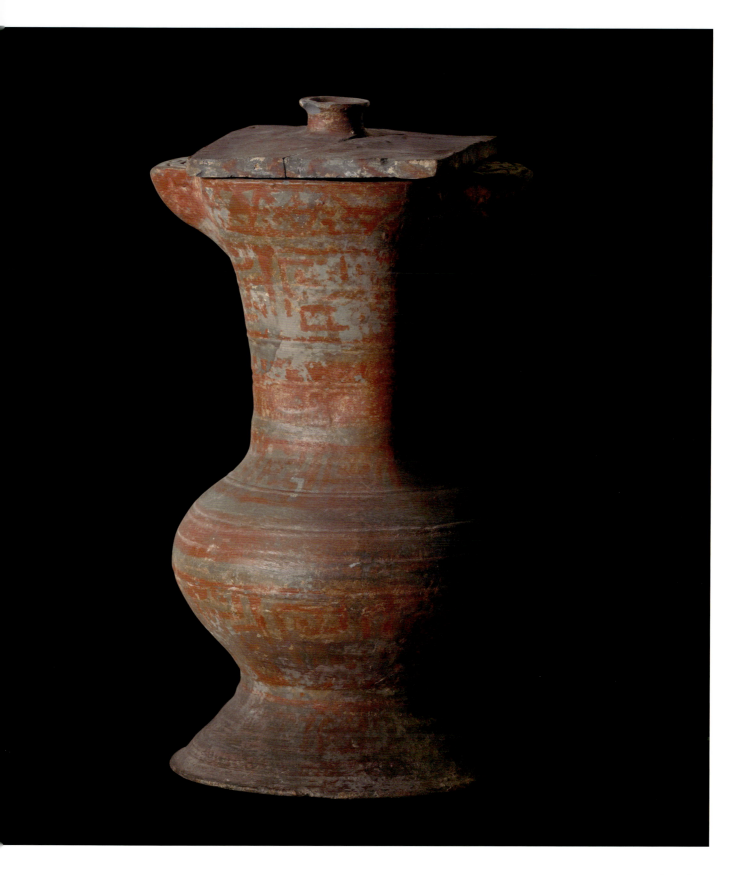

彩绘陶壶

年代：春秋（前770—前476）

凤翔县八旗屯村出土

陕西历史博物馆藏

窃曲纹铜盘

年代：春秋（前 770—前 476）
户县宋村出土
陕西历史博物馆藏

窃曲纹铜甗（yǎn）

年代：春秋（前770—前476）

户县宋村出土

陕西历史博物馆藏

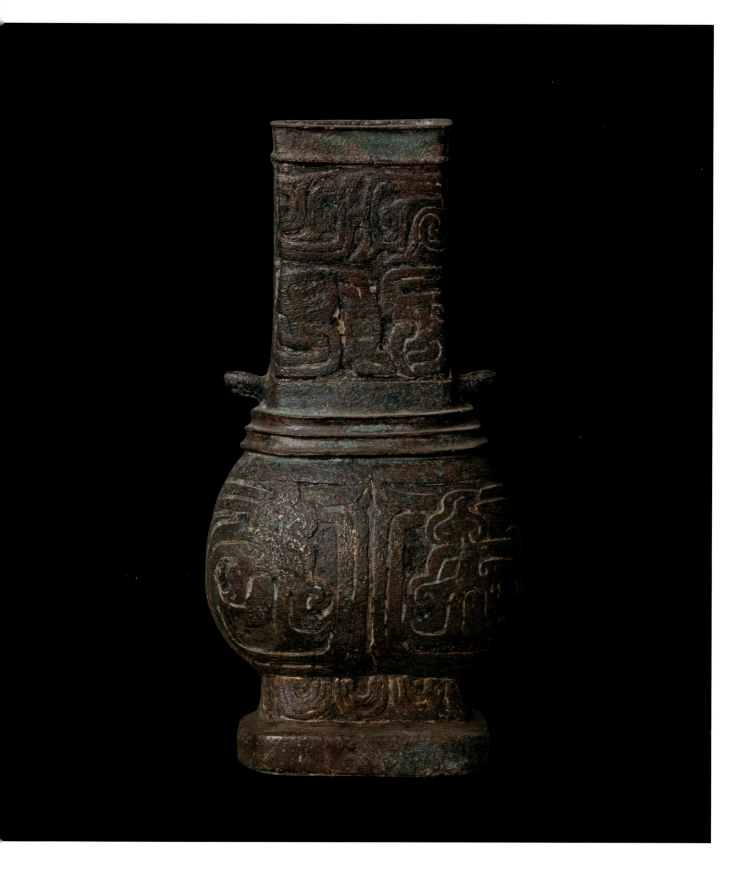

铜壶

年代：春秋（前770—前476）

陇县东南镇边家庄村出土

陇县博物馆藏

八兽带盖小铜鼎

年代：春秋（前 770—前 476）

凤翔县彪角镇出土

凤翔县博物馆藏

带盖小铜鼎

年代：春秋（前770—前476）

凤翔县彪角镇上郭店村出土

凤翔县博物馆藏

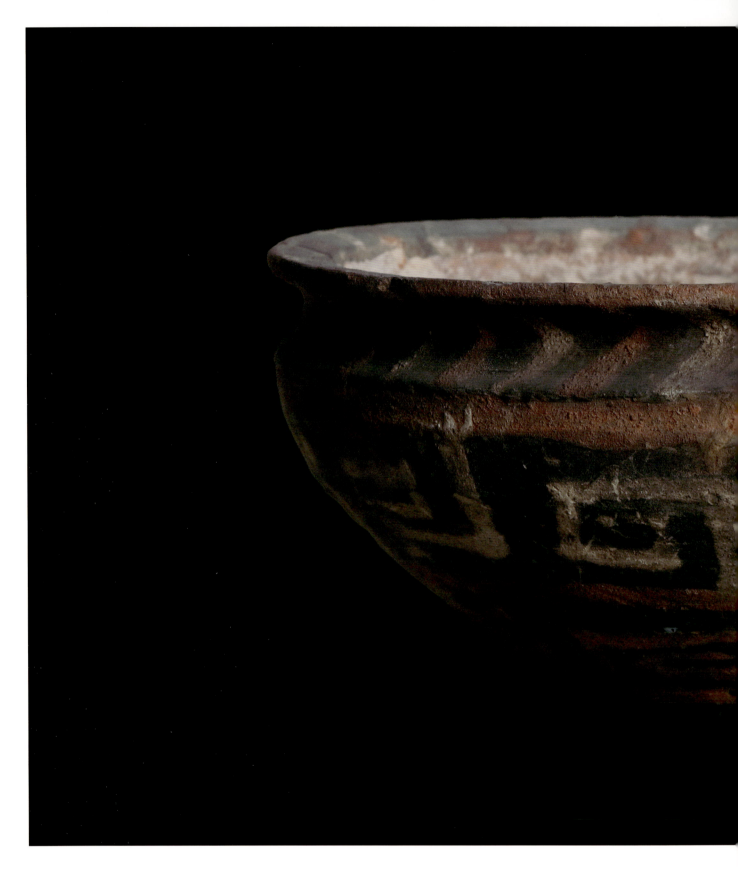

彩绘陶盂

年代：春秋（前 770—前 476）
陕西历史博物馆藏

二

城　雍

秦都城史上的里程碑

雍城在秦的发展中是里程碑式的，具有标志性的意义，秦定都雍城之后，才真正揭开了争霸中原、称雄海内的历史画卷。

1. 以水围城——雍城的布局和结构

《史记·秦本纪》云："德公元年，初居雍城大郑宫，卜居雍，后子孙饮马于河。"经过250多年的不断修建，雍城成为当时诸侯国中有影响的都城。雍城的宫殿建筑是十分华丽的，早在秦穆公时，都城尚处于发展时期，当时的戎族使者由余来到秦国，当他看到尚处于修建中的雍城时不禁感叹道："使鬼为之，则劳神矣；使人为之，亦苦民矣。"这也为此后秦人定都咸阳后进行的帝都营造开启了先声。

雍城位于陕西省凤翔县城以南的凤翔原上。这里地势高敞，依山傍水，南为雍水，北为汧山，地势平坦，地理位置十分重要，它是当时通往西南、西北地区的交通咽喉要道，而且土壤肥沃，易于农业生产的发展。正因为如此，从秦德公开始，秦国迁都于此。雍城前期是以大河、沟壑作为城周环护设施的，最新考古调查发现，初期雍城外围分别以四周的雍水河、纸坊河、塔寺河及凤凰泉河环围，由于当时的河水丰沛、河谷纵深，自然河流便成为"以水御敌于城外"的主要城防设施。这就是文献所说的"城堑河濒"，以水围城。

进入战国时期，为了适应群雄争霸、战争频仍的新形势，秦国在原"以水御敌"基础上再构筑了城墙及相关辅助设施。考古人员新发现了属于雍城东、南、西、北四边城墙的残段遗存，并初步确认了雍城城墙的基本走向，经过对已知各城墙遗迹点的梳理与拼合连接，合围成不规则梯形，与早年的认识基本吻合。经解剖性勘探，城墙墙体宽度为8—10米不等，其构筑方法则为中、里、外三重分别建造。在墙体夯土层内又发现秦雍城初期陶片，证明了《史记·秦本纪》"悼公二年，城雍"记载的可靠性，即秦在建都雍城近两百年之后才修筑城墙。

经过两千多年的自然风雨剥蚀及人为破坏，秦雍城地面建筑已荡然无存。根据考古勘探得知，城址平面略似正方形，城墙东西长3300米，南北宽3200米，总面积约11平方千米。坐北面南，部分地段以自然地势蜿蜒而筑。目前考古工作者在城内已发现三大宫殿区：姚家岗宫殿区，马家庄宫殿区，铁沟、高王寺宫殿区。

姚家岗宫殿区

位于雍城中部偏西，距雍城西墙约500米，当地人称此为"殿台"。主体建筑位于姚家岗村及其东南部，面积约2万平方米。考古工作者先后在此发现宫殿遗址1处、铜质建筑构件3窖、凌阴遗址1处。宫殿遗址的东部已被破坏，北部尚未清理，仅发掘了西南的部分。夯土基的西南两侧各有河卵石铺就的散水一道。出土文物主要有素面半瓦当、槽形三角形几何纹板瓦、绳纹与三角几何纹相同的筒瓦、饕餮（tāotiè）纹贴面砖等。

在宫殿遗址附近发现三窖 64 件铜质建筑构件，其形状有阳角双面蟠虺纹曲尺形，阳角三面蟠虺纹曲尺形，双面蟠虺纹楔形中空形，双面蟠虺单齿方筒、单面蟠虺方筒形，双面蟠虺纹双齿方筒形，单面蟠虺纹双齿片状，小拐头等。文物工作者根据有的构件内仍有朽木遗存来看，推断这批构件是与木构结合在一起使用的，可以称为"金钉"。这些铜质构件的出土"为我们关于木构交接自早期扎结到晚期健全榫卯之间，曾存在使用金属件加固阶段的设想提供了依据"。（杨鸿勋《凤翔出土春秋秦宫铜构——金钉》，《考古》1976 年第 2 期）这种建筑构件 1930 年曾在燕下都遗址发现 124 件，但是像秦都雍城铜建筑材料做得如此漂亮实用的却是罕见的，从而使得秦宫显得更加辉煌华贵。

凌阴遗址是用来藏冰的，每到炎热的夏季，秦王室需要大量的冰块去夏消暑。因此往往在都城中设置藏冰的地方，《诗经·豳风》即有"二之日凿冰冲冲，三之日纳于凌阴"的诗句，意思是说夏历十二月凿取冰块，正月将冰块藏入冰窖。这个遗址面积达 190 立方米。凌阴遗址的设置反映出此宫殿建筑豪华，都城设施齐全。凌阴遗址是考古的首次发现，后来在秦都咸阳、汉长安城也有发现。

根据《秦记》的记载，推测姚家岗宫殿区很可能是春秋时期秦康公、共公、景公居住的雍高寝。

马家庄宫殿区

位于雍城中部偏北，考古工作者共发现了四座宫殿及宗庙遗址。一号建筑群坐北朝南，平面为长方形，南北残长约 76 米，东西宽 87.6 米，面积约为 6660 平方米。由大门、中庭、朝寝、亭台及东西厢等部分组成，整个建筑四周有围墙环绕，布局规矩整齐。大门由门道、东西塾、回廊、散水等部分组成。遗址内出土有各种陶瓦、铜质建筑构件。在中庭、东西厢南侧及祖庙东厢内，考古工作者发现各类祭祀坑 181 个，牛羊有全牲、无头和切碎三种祭祀形式，坑与坑之间存在着复杂的打破关系，可以看出是多次祭祀的结果。根据遗址祭祀坑中出土的遗物、建筑的总体布局及有关史籍记载，这一建筑群的建筑年代应为春秋中期，废弃时间应在春秋晚期，是包括祖庙、昭庙、穆庙、祭祀坑等在内的一座较完整的大型宗庙遗址，其发现无疑对探讨秦宫室宗庙制度、祭祀仪式有重要的意义。

"国之大事，在祀与戎。"（《左传》）"君子将营室，宗庙为先。"（《礼记》）祭祀在中国古代是非常重要的事情。先秦时期宗庙之类的礼制建筑，古时的记载很多，但考古发掘出来保存较完整的大型先秦礼制建筑目前并不多，这是迄今发现规模最大、保存较完整的先秦高级建筑，它在商周到秦汉建筑的发展过程中具有承上启下的重要地位。

二号建筑群与一号建筑群相距 15 米，坐北向南，由于破坏严重，目前仅保存有门塾、隔墙、围墙及水井、输水管道等几部分。

三号建筑群位于雍城中部偏北稍西处，东距马家庄宗庙建筑约 500 米，西距姚家岗宫殿区约 600 米。基址坐北朝南，除南部因取土被破坏外，保存基本完整。南北全长 326.5 米，北端宽 86 米，南端宽 59.5 米，总面积达 21849 平方米。平面布局严谨规整，四周有围墙。由南至北可分为 5 座院落、5 个门庭。院内南部有 2 座长方形建筑，中有一通道与第四院落相连，各院落的南门均宽于其他门，应是主要门道。李如圭《仪礼·释宫》曰："周礼建国之神位，右社稷，左宗庙，宫南乡而庙居左，庙在寝东也。"马家庄三号建筑群遗址位于宗庙遗址以东，且时代相近，规模较大，故推测这一遗址可能是寝宫所在。

四号建筑群遗址位于二号建筑群遗址以东，遗址高于周围地面，破坏严重，散水石到处可见，残存面积达2万平方米，夯土墙基已残缺不全，出土有槽形板瓦、筒瓦、陶水管、散水石等。

马家庄朝寝、宗庙、二号、四号四座建筑群由西向东依次排列，组成了规模较大、保存较完整的马家庄宫殿宗庙区。建筑群的年代均为春秋中晚期，这同秦桓公居"雍太寝"的时间相近，由此推断，马家庄宫殿宗庙可能是"雍太寝"之所在。

铁沟、高王寺宫殿区

位于雍城北部，由于破坏严重，现存面积约4万平方米。暴露在断崖上的夯土基高约1.4米，地面堆积瓦片很多，板瓦、筒瓦俯拾皆是，曾在此采集到"奔兽逐雁"纹瓦当、板瓦、筒瓦等多件。从形制看它们大多为战国早中期的遗物。

秦躁公"居受寝"的时间同铁沟高王寺宫殿遗址的上限大致相近，故铁沟、高王寺宫殿很可能即所谓的"受寝"。

雍城王陵区

在雍城以南，位于凤翔县尹家务至宝鸡市陈仓区阳平的南原上，东西绵亘30余里，目前考古工作者发现14个陵园，22座"中"字形大墓，一个"目"字形大墓和其他墓葬，这里埋葬着德公至出公等23位国君。

其中的秦公一号大墓位于凤翔南指挥乡，是第一号陵园内最大的一座墓葬。1976至1986年陕西省考古工作者用了10年的时间对一号大墓进行了考古发掘。此墓平面呈"中"字形，墓坑深24米，全长300米，总面积达5334平方米，是我国目前发掘的先秦时代最大的土圹木椁墓。

墓棺椁结构完整。椁室内有柏木椁具一套，都是用柏木枋垒砌而成的长方形木屋，之间有门相通。主椁室中部的地下，还有一个60厘米见方的"腰坑"，内有动物骨骼，这是商、周、秦墓葬中常见的一种葬俗。主椁是安放秦公遗体之处，四壁及椁底均为双层柏木枋，椁盖则是三层，中部有一道单层枋木垒砌的隔墙，将主椁分为前后两室，这种布局应该是仿照墓主生前居所"前朝后寝"的样式，似乎就是一个小宫殿。只看整套椁具的用料就足以令人惊叹。在椁室周围和上方填有木炭，外围再填青膏泥，这些保护层可以防止水分和氧气进入以保护椁室。而椁木的木质至今保存完好，这完全可称得上是个奇迹。这个墓虽经历史上247次被盗，墓内仍出土文物3500余件，文物质地高贵，造型精美。包括金、玉、铜、铁、石、陶、漆木和丝织品等各类珍贵文物，其中椁室有600多件。出土物中有镂雕双龙的金带钩、镂孔镶绿松石的金泡、金啄木鸟、各种造型精美的金兽、白玉戈、玉璜、玉璋、透雕玉佩、石鞋、骨钉、陶器及漆器图案，十分精美。出土的10多件铁铲、铁锸，是我国北方地区发现的时代最早、数量最多的一批铁器。

发掘后的秦公一号大墓，占据了考古学史上五个之最：

第一，是迄今发掘最大的先秦墓葬。

第二，墓内 186 具殉人是自西周以来发现殉人最多的墓葬。

第三，椁室的柏木"黄肠题凑"椁具，是迄今发掘周、秦时代最高等级的葬具。

第四，椁室两壁外侧的木碑是中国墓葬史上最早的墓碑实物。

第五，尤其是大墓中出土的 33 枚石磬是发现最早刻有铭文的石磬。最珍贵的是石磬上的文字，多达 180 多个，字体为籀文，酷似"石鼓文"。根据墓中所出石质编磬残块上的铭文"龚桓是嗣，高阳有灵"八字，推断墓主可能是春秋晚期的秦景公。

雍城市场

考古工作者在雍城发现了"市"的遗址，位于城的北部。经勘探，知其是一个近似长方形的全封闭空间，四周围以夯墙；钻探时于四周围墙中部都发现有"门塾"遗址，一般宽 21 米以上，进深 14 米左右；墙体两侧均有瓦片堆积，应是夯墙上的覆瓦；四周有围墙基址，围墙内为露天市场，面积 3 万平方米左右。（韩伟、焦南峰《秦都雍城考古综述》，《考古与文物》1988 年第 5、6 期合刊）雍城市场遗址与四川汉画像砖上的市亭图布局基本一样，也与《周礼·考工记》所记载的面朝后市的格局一致。从布局来看，市周围有围墙，四边开门，市门上有市楼。市的交易限时限地，分门别类，集中管理。《周礼·考工记》载："匠人营国，方九里，旁三门。国中九经九纬，经涂九轨，左祖右社，面朝后市，市朝一夫。"这段文字对市场的位置记载很明确，即市场位于王宫之后。王宫通常为坐北朝南，这一点已在考古学上得到证实，那么市场就是位于王宫的北面。

手工业作坊

手工业是都城的重要组成部分，考古工作者目前在雍城城墙内外发现各种手工业作坊多处：如在史家河、马家庄和今凤翔县城北街一带发现青铜作坊遗迹的线索；炼铁作坊在史家河、东社、高庄一带；制陶作坊发现于城内豆腐村、铁丰、瓦窑头及雍城城外的姚家小村、八旗屯等地；陶制生活用器则发现于邓家崖东岗子一带。作坊一般分布于四周城墙的内侧，作坊临近的小型建筑可能为工匠族系所居。

高王寺铜器窖藏

考古工作者在城关北街发现一处春秋战国时期秦国手工业作坊遗址，内有青铜窖藏，出土 28 件青铜器。其中有鼎、镶嵌射宴壶、盘等 10 余件中原和吴、楚等国铜器，其中一鼎内铸"吴王孙无土之鼎"。这批中原、吴楚之器在雍城出土，反映了秦和吴楚之间交往的关系。

豆腐村陶作坊遗址

范围较大，南北长 220 米、东西宽 150 米，总面积达 3.3 万平方米，遗迹丰富，堆积较厚。遗迹有陶窑、纯净土采集坑、泥条存储袋状坑、给作坊输水的地下陶水管道、水井和用于其他拌和材料存放的长方形竖穴坑等。发掘出的 2000 多件遗物中，主要有方砖、槽形板瓦、弧形板瓦、筒瓦、瓦当、贴面墙砖、陶鸽、陶俑，以及制作和烧制时所需的各类工具，如打泥石夯、陶捶、水容器和支垫等，此外还发现尚未焙烧的泥坯。最具特征的是一批动物纹瓦当，有鹿蛇纹、凤鸟纹、蟾蜍纹、獾纹、虎雁纹、鹿纹、虎鹿兽纹和虎纹等，另外还有一批云纹和素面瓦当。

与咸阳相比，雍城更多地受到周文化的影响，都城布局基本符合《周礼·考工记》"左祖右社，面朝后市"的记载，都城的设施比较齐全。宗庙、社稷、市场是都城中不可或缺的部分，与都城有机地联系在一起。由此可以看出雍城规模很大。除了鳞次栉比的宫殿，秦还在都城中修建了台观馆舍等建筑，有繁华的商业区，国君和大臣的陵墓集中在一起，城外又有秦公狩猎游玩用的北园等苑囿，这在石鼓文中有记载。

2. 雍城——开启秦国未来的都城

秦都雍城在中国都城史中应占有一席之地，既有其独到的地方，又具有时代的共性，在秦都城发展史上起到了承前启后的作用，对以后都城的建设具有借鉴作用。

雍城地理位置优越，被雍水、纸坊等河流环绕，地势开阔，北有汧山阻挡，地形优越，易守难攻，交通发达。秦选择这里作为都城无疑是看中了这里有利的地形环境，而最终定都咸阳也是基于同样的理由。

在春秋战国时期各国中，很少有在都城外建设离宫别馆的情况，而雍城则离宫别馆环绕城郊。雍城郊外的离宫别馆有的在近郊，有的在远郊。在雍城郊区，考古工作者发现了"蕲（qí）年宫""橐（tuó）泉宫""年宫""来谷宫""棫（yù）阳宫"等遗址。蕲年宫是秦代著名的宫殿，秦迁都咸阳以后，秦王政还从咸阳回到这里行加冕礼。

与春秋战国的其他诸侯国都城不同，雍城在都城外建设离宫别馆，这也是秦强大国力的体现。可能是因为自秦穆公以来，秦的国家实力不断上升，所以有经济实力来建设为数甚多的离宫。这种城郊离宫别馆的形式到秦咸阳城、汉长安城时发扬光大。到都城咸阳时，离宫别馆就犹如满天星斗撒落在关中平原上。

先秦时期，宗庙不仅仅是血亲关系的象征和本族人心目中的神圣殿堂，而且是族权和政权相结合的象征，国家的主要活动都在此进行。《礼记·曲礼》云："君子将营宫室，宗庙为先，厩库次之，居室为后。"秦早期传承周制，为寝庙合一模式，宗庙自然成为政治统治中心。在雍城为都城的时期，可以看到随着社会的发展和进步，秦人已不把宗庙看得那么至高无上，人的作用日益显示出来，为突出"天子之威"，朝寝处于国都中心，城内建筑便以朝宫为中心，而宗庙降至次要地位。

自从德公建都雍城后，秦的历史开辟了一个新时期。在雍城的 10 多位秦公励精图治，不断开拓疆土，整顿内政，使秦成为春秋五霸之一。故而有学者称："如果说襄公受封立国是秦国历史上的一件划时代意义的大事。秦国只有在建都雍城后，才真正揭开了争霸中原、称雄海内的历史画卷，也只有在此之后，秦人才真正跨入了中华民族大家庭的行列。"（王学理等《秦物质文化史》，三秦出版社 1994 年版）

雍城作为秦都城的两百多年里，秦的农业和经济也得到了长足的发展，生产工具得到了较大改善，秦公一号大墓发现铁农具 10 余件，在凤翔高庄秦墓中，出土铁器 50 件，反映出当时铁农具的使用比较广泛。农具的改进为农业生产的发展创造了优越的条件。在后来的"泛舟之役"中，就反映出当时秦农业的发展情况和秦国的富庶。

秦都城迁离雍城后，雍城仍然具有重要的地位，这是因为秦先公的陵墓及宗庙还在雍城。秦雍城建都时间长，所以先公的墓葬很多。关于宗庙，《史记·秦始皇本纪》云："先王庙或在西、雍，或在咸阳。"说明雍城有先王庙和畤，考古发掘也证明如此。因此雍城虽然不再作为政治中心了，可是仍然具有圣都的地位。也正因为如此，后代的秦公、秦王、始皇都必来此祭祀。秦始皇 22 岁行冠礼时还必须到雍城去。这时留守咸阳的嫪毐（lào'ǎi）却突然发动叛乱，纠集军队，企图发兵攻打雍城，杀害秦王政。秦王政得到消息，立即调兵反攻堵截。两军激战于咸阳，嫪毐惨败，被处以车裂的重刑。秦始皇借此机会彻底铲除了嫪毐集团，又将生母太后幽禁于雍城。进而又驱逐了吕不韦势力，牢牢掌握了大权，为统一中国奠定了坚实的基础。这也足以说明雍都在秦国发展史上非同一般的地位。

雍城的许多宫殿及离宫别馆在秦定都咸阳后仍然保留下来，原有部分都城设施仍被修缮利用。至西汉前期，雍城郊外的蕲年宫一带仍为帝王举行郊祀活动的重要场所，雍城作为圣都的地位及其历史沿革，一直持续至汉武帝时期。

同时雍城的经济地位也很高，有许多的手工业作坊仍然存在，又处于交通要道，史念海先生认为："远在春秋战国之际……关中这时已有三个经济都会，即雍、栎阳和咸阳。栎阳即阎良区武屯镇东北，雍和栎邑不作为政治都会之后，依然保持着经济都会的地位。"（史念海《陕西在秦汉时期历史中的地位》，《文史知识》1992 年第 6 期）

3. 独霸西戎的秦穆公

在秦以雍城为都城的两百多年时间里，造就了"春秋五霸"之一的秦穆公。史称秦穆公"开地千里，遂霸西戎"，打败了为患多年的西戎，自此黄河以西的广大地区，都为秦国所有，大大拓展了秦的领土范围，实现了局部的统一。秦穆公之所以能独霸西戎，主要是因为他求贤若渴，不拘一格，他求贤用人有一个重要特点就是不分地域、不分贵贱、不论年龄大小，只要是具有真才实学的人，无论是哪里人，也无论出身如何，他都尽力邀请他们来秦国为官。"昔穆公求士，西取余于戎，东得百里奚于宛，迎蹇叔于宋，求丕豹、公孙支于晋。"（李斯《谏逐客书》）秦穆公在求贤过程中，被后世誉为美谈的百里奚、蹇叔、伯乐相马的故事，就是生动的事例。

五张羊皮换贤相

百里奚是宛（今河南南阳）人，他起初在虞国做大夫，晋献公用美玉良马向虞国借道灭虢，不讲信用的晋献公在回师途中又灭了虞国，虞国被晋国灭后，百里奚做了晋国的俘虏，又被晋国作为"媵"，即作为给秦穆公的陪嫁奴仆送往秦国。不久他逃离秦国，到了楚国的宛，后被楚国人捉住，成了楚国的奴隶，为楚人放牧。秦穆公听说百里奚很有才能，就打算用重金把他买回。但又恐怕这件事被楚王发觉，不肯放回百里奚，于是就用五张羊皮，也就是当时一个普通奴隶的价格，把他赎了回来，并立即封为大夫。所以，后来人们就把百里奚称为"五羖大夫"。

百里奚来到秦国，已是须发皆白的老人了，秦穆公问他有多大年龄，百里奚说："我才七十。"穆公叹息："可惜老了。"百里奚回答道："你让我打虎，我是老了。如果让我坐下来商议国事，我比姜太公还年轻十岁呢。"穆公连忙向他请教富国强兵之策，两人整整谈了三天，穆公高兴至极，拜百里奚为大夫，委以国事，不久百里奚又当上了秦国的丞相，他有感于穆公的知遇之恩，尽心竭力扶助穆公，为秦国的发展施展才能。

百里奚还向穆公推荐了自己的好友蹇叔，称自己的才能远远比不上蹇叔。秦穆公立即派人从宋国把蹇叔请来，任其为上大夫，与百里奚共掌国政，蹇叔很快也成了穆公的得力助手。

赐酒赦野人

秦穆公为人宽大，与人为善。有一次，在岐山下有300多"野人"偷吃了穆公的一匹好马，官吏要严办他们，穆公不仅没有惩罚这些"野人"，反而说："吃马肉不喝酒，有害身体，再赐酒给他们喝。"后来，在秦晋韩原大战中，秦军被晋军围困，穆公命在旦夕，那些岐山下的野人拼死救援，以报"食马之德"，才战胜了晋军，又生擒了晋惠公。

由于秦穆公实行的"尚贤"政策，秦国上下人才济济、贤能荟萃。许多有识之士从各地汇聚秦国，都能起到相应的作用，秦国从此发展迅速，国力更强，从而使秦穆公的称霸事业取得成功。秦穆公的这一政策，得到后来秦公帝王们的效法，秦国的历代国君都十分重视人才的选拔和重用，这也成为秦国迅速强大、统一天下的秘密武器。

秦晋之好

秦穆公在位时期，秦国已经发展壮大，成为与中原强国晋国毗邻的大国。他为了实现霸业，主动与晋国结好，开创"秦晋之好"的世代政治联姻。"秦晋之好"就是人们根据春秋时秦晋两国世为婚姻的历史事实引申出的成语，常用来指两家联姻，结成亲戚，并引申为政治、军事上的联姻。

春秋时候，秦国和晋国是一衣带水的邻国，彼此都有称霸天下的野心。一方面两国统治者为了争夺领土与霸权，经常钩心斗角、矛盾尖锐，乃致兵戎相见，战争频繁出现；另一方面，有时为了自身利益的需要，互相联合，互相利用，彼此通婚，结成亲家，以缓和紧张关系。所以秦、晋两国之间尽管有矛盾，而彼此一再联姻这一点，在各国关系中也还是比较突出的。因而才有了"秦晋之好"这一美誉。秦穆公为求做霸主，于是笼络当时力量强大的晋国，希望晋献公把大女儿嫁给他。当时晋献公年迈昏庸，为讨好年轻的妃子，要立小儿子为国君继承人，从而杀死了当时的太子申生。于是，另外的两个儿子夷吾和重耳为了活命，分别逃往他国避难。后来，夷吾得到姐夫秦穆公的帮助，派军队护送夷吾回国当上了晋国国君。但是不久晋惠公就与秦国失和发兵攻打秦国，终遭惨败，不得已割地求饶，还叫儿子公子圉到秦国做人质，这才将两国的关系修好。秦穆公为了联络公子圉，把自己的女儿怀嬴嫁给了他。然而公子圉听说自己的父亲病了，害怕国君的位置会传给别人，便扔下妻子，一个人偷偷跑回晋国。第二年，夷吾一死，公子圉就做了晋国君主，跟秦国不相往来。

后来晋国公子重耳逃亡到秦国，秦穆公待他很好，欲把原先嫁给公子圉的怀嬴嫁给重耳。重耳听后大惊，认为自己已经六十有一，与秦穆公年龄相仿，如果做了秦穆公的女婿，岂不理亏三分，一则因为怀嬴曾嫁给重耳的侄子，在辈分上吃亏，二则秦穆公做了他的泰山。重耳为难之际，这时跟随重耳逃亡的赵衰从长远考虑，对重耳说："听说怀嬴美貌而有才华，穆公视她为掌上明珠，如今提出此婚事是看重你的为人。如果拒绝，可能无法得到秦的帮助。"重耳听后还是有些为难，他说："怀嬴是我侄媳，作为长者岂能夺侄之爱，乱了辈分。"于是晋国重臣狐偃指出："公子今日来秦，意在图谋得到秦的帮助重返晋国执政，君位尚且可夺，何在乎区区一女子？"重耳觉得言之在理，遂同意了与怀嬴的婚姻。

穆公知道重耳同意婚事后，大喜过望，于是三日一小宴，五日一大宴，亲如家人。同时不忘记派人到晋国打探情报。公元前637年，晋惠公病死，子圉即位，为晋怀公。但晋国此时君臣互相猜疑，互相攻杀，正是重耳回国夺取君位的大好时机，秦穆公乘机派出大军四百乘，与晋国大夫里应外合，使重耳回国得到了君位。其实秦穆公这样做的目的，也无非是使晋受控于秦而已。但是重耳当政之后，晋国也没有受控于秦。夷吾和重耳都只不过是为了他们一时的需要而与秦国达成某种协议，以取得秦国的帮助。但双方之间的这种联姻关系，在当时特定的历史条件下，也曾起到了缓和两国之间矛盾的作用。

晋惠公即位后，晋国接连几年都遇到灾荒，于是向秦国求救，因为秦国离晋国近，两国之间且有婚姻关系，所以就想向秦国买粮。秦国派了大量的船只运载了万斛粮食，由秦都雍城出发，沿渭水自西向东五百里水路运粮，横渡黄河以后再改山西汾河漕运北上，直达晋都绛城。运粮的白帆从秦都雍城到晋都绛城，首尾相连，络绎不绝，史称"泛舟之役"。

公元前645年，秦晋之间爆发"韩原大战"，晋国惨败，晋惠公被秦军活捉，秦国的许多大臣都主张把他杀掉。这时，由于晋惠公夷吾的姐姐、秦穆公的夫人穆姬出面干涉。秦穆公考虑再三，最后还是把晋惠公放了回去。又如殽之战，秦国三个统帅西乞术、白乙丙、孟明视被晋活捉，差点毙命，多亏晋文公夫人文嬴（秦宗室女）从中说情，晋襄公才放回了三帅。重耳在秦穆公的帮助下，如愿以偿地赶走公子圉，当上了晋国的新国君，成为有名的"春秋五霸"中的晋文公。秦穆公也在重耳死后不久，借机打败已经成为中原霸主的晋国，成了"春秋五霸"之一。这也是秦国的第一次崛起。秦穆公也成为秦历史上里程碑式的人物。

蟠虺纹铜构件

年代：春秋（前 770—前 476）

凤翔县姚家岗出土

陕西历史博物馆藏

双面蟠虺纹双齿方筒形铜构件

年代：春秋（前 770—前 476）

凤翔县城关镇豆腐村出土

凤翔县博物馆藏

蟠 虺 纹 铜 构 件

年代：春秋（前 770—前 476）

凤翔县姚家岗出土

陕西历史博物馆藏

蟠 虺 纹 铜 构 件

年代：春秋（前 770—前 476）

凤翔县姚家岗出土

陕西历史博物馆藏

筒瓦

年代：春秋（前770—前476）

凤翔县南指挥村秦公一号大墓出土

陕西历史博物馆藏

绳纹陶水道

年代：春秋（前770—前476）

凤翔县姚家岗出土

陕西历史博物馆藏

饕餮纹半瓦当

年代：春秋（前770—前476）

凤翔县姚家岗出土

陕西历史博物馆藏

夔龙纹半瓦当

年代：春秋（前770—前476）

凤翔县出土

陕西历史博物馆藏

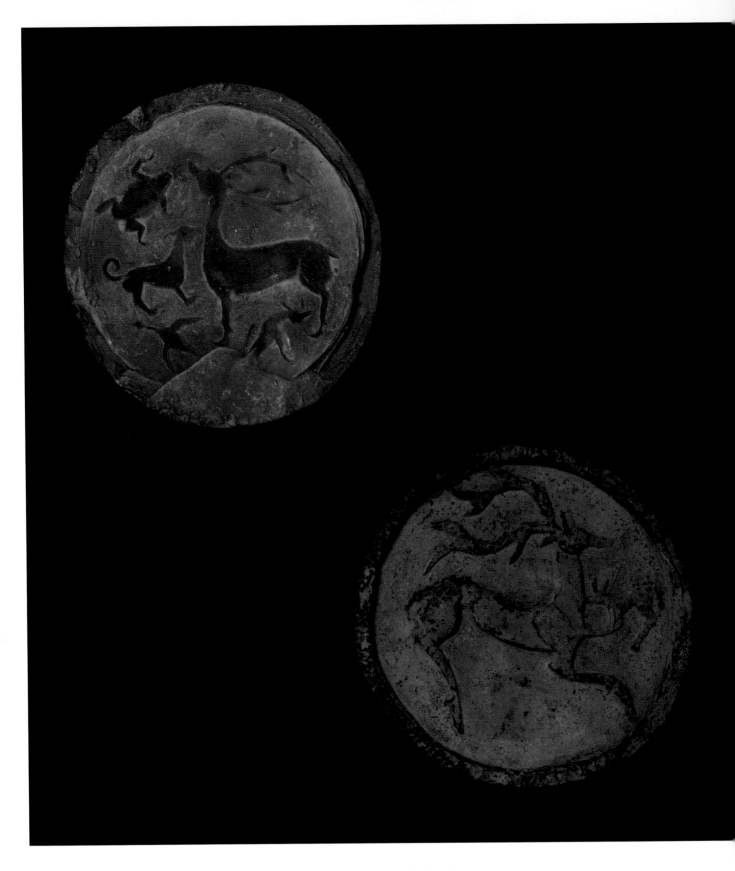

鹿雁狗蟾纹瓦当

年代：战国（前 475 — 前 221）

凤翔县铁丰村出土

宝鸡青铜器博物院藏

云鹿纹瓦当

年代：战国（前 475 — 前 221）

凤翔县铁丰村出土

宝鸡青铜器博物院藏

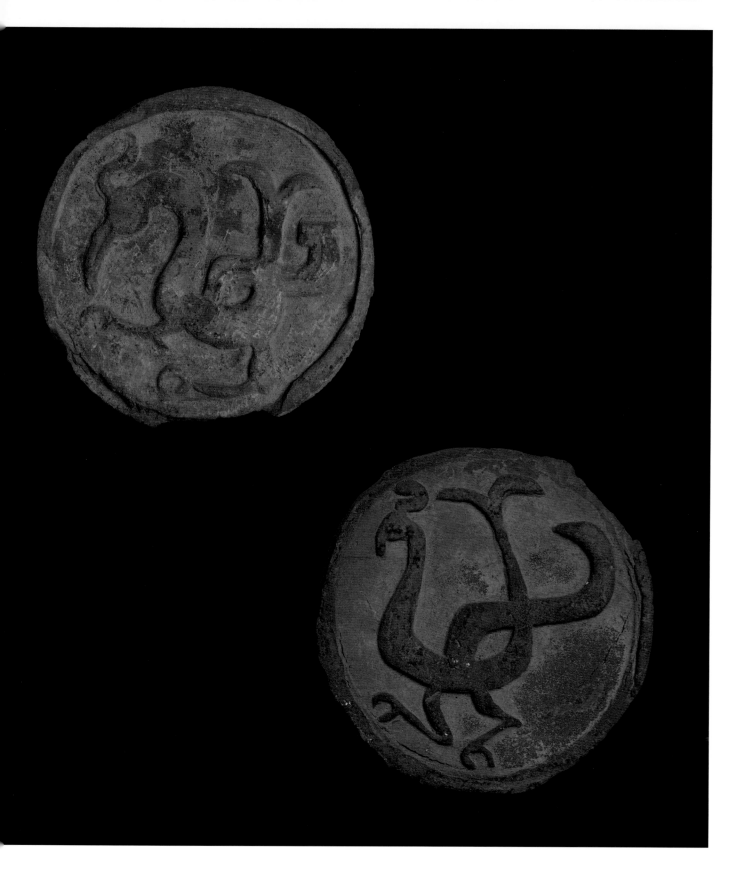

凤鸟纹瓦当

年代：战国（前475—前221）

宝鸡青铜器博物院藏

凤鸟纹瓦当

宝鸡青铜器博物院藏

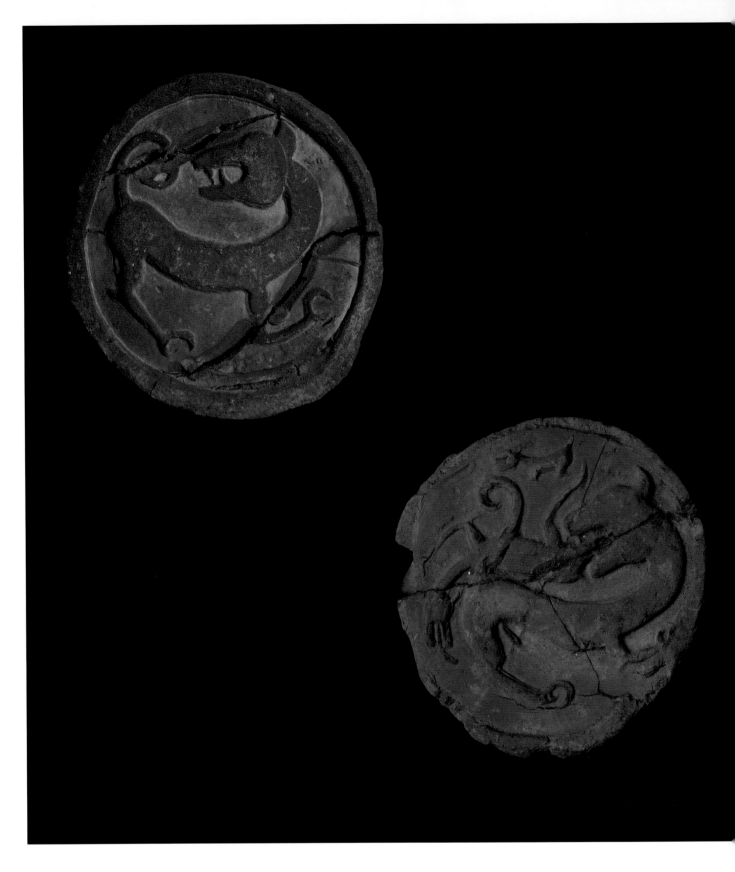

虎纹瓦当

宝鸡青铜器博物院藏

虎鹿兽纹瓦当

年代：春秋（前770—前476）

宝鸡青铜器博物院藏

双貜纹瓦当

年代：战国—秦（前 475 — 前 206）

西北大学博物馆藏

貜纹瓦当

宝鸡青铜器博物院藏

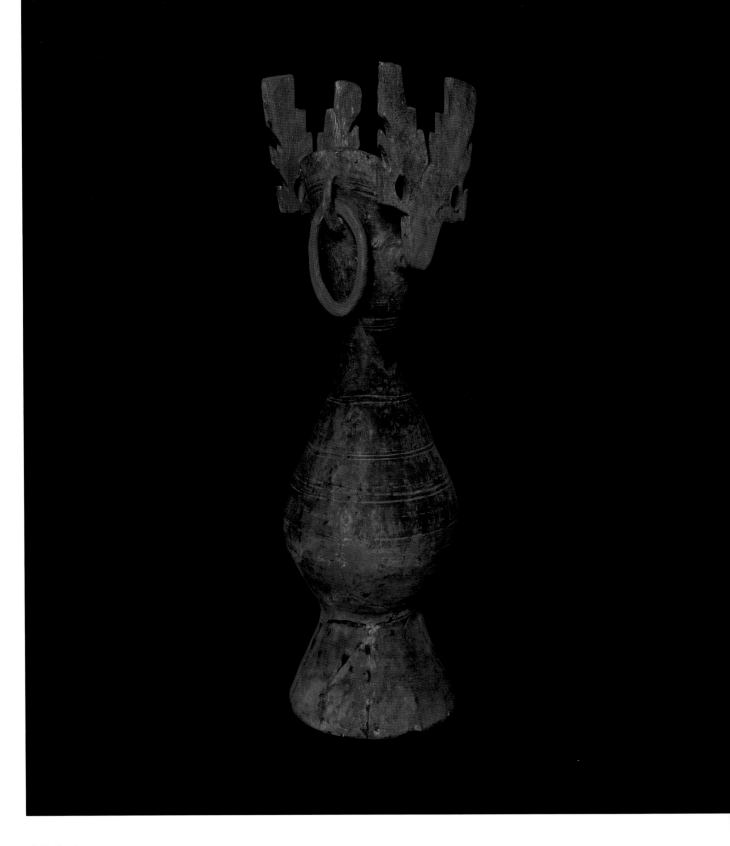

彩绘陶壶

年代：战国（前 475 — 前 221）
凤翔县高庄村出土
陕西历史博物馆藏

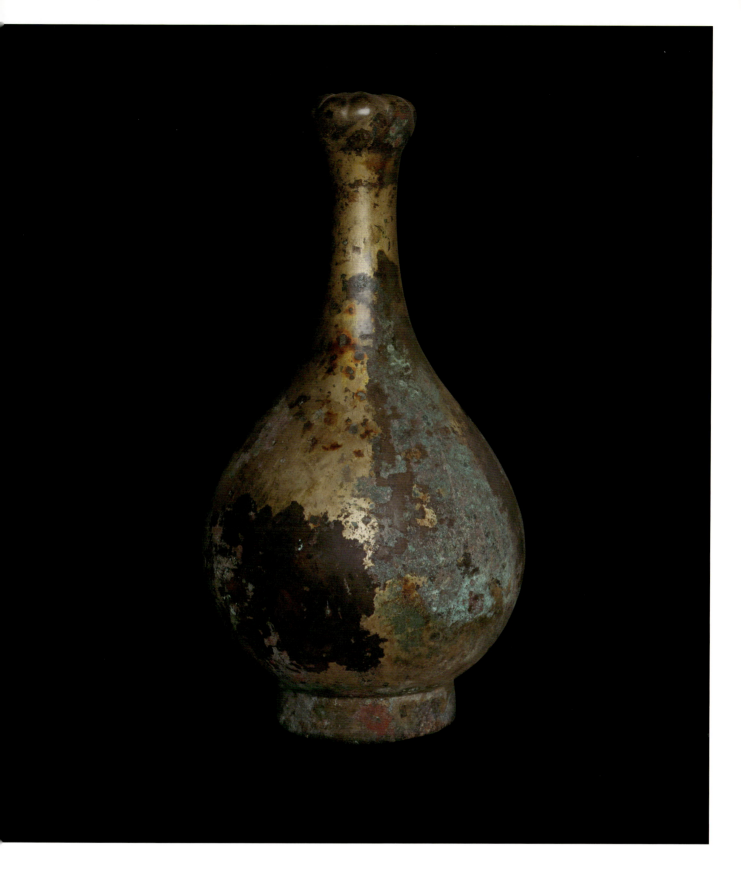

鎏金蒜头铜壶

年代：战国（前 475 — 前 221）

凤翔县高庄村出土

陕西历史博物馆藏

蒜头壶

年代：战国（前 475 — 前 221）
用途：盛储器
凤翔县境内出土
凤翔县博物馆藏

蟠螭纹铜鼎

年代：战国（前 475 — 前 221）
凤翔县城关镇高王寺村出土
凤翔县博物馆藏

蟠虺纹提梁铜盉

年代：战国（前 475 — 前 221）
宝鸡市出土
陕西历史博物馆藏

提梁铜盉

年代：战国（前 475 — 前 221）
安康市出土
陕西历史博物馆藏

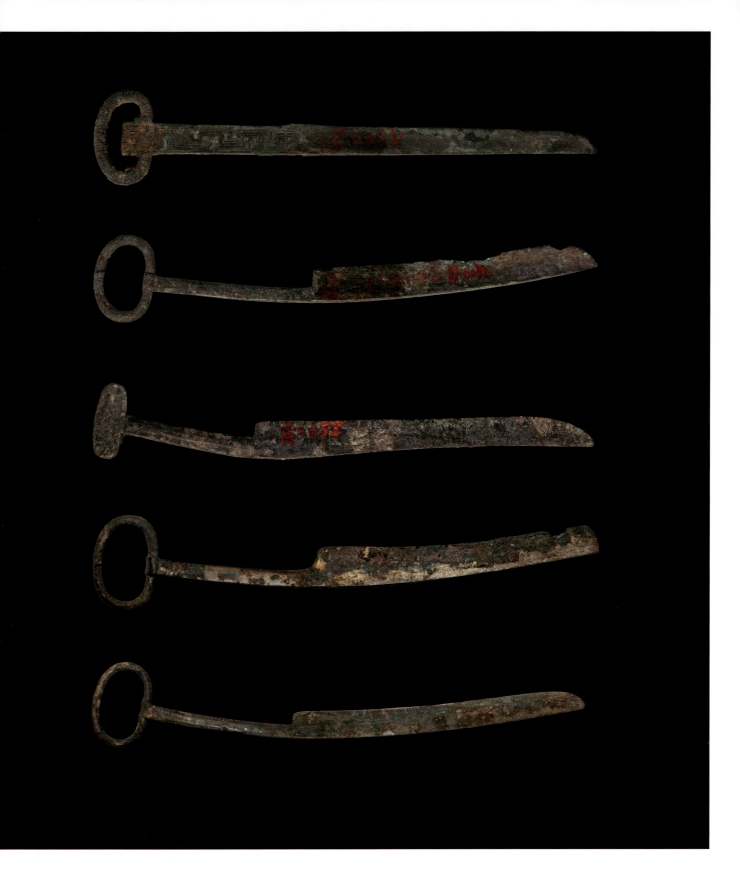

铜 削

年代：战国（前 475 — 前 221）

用途：生产工具

凤翔县城关镇北街村出土

凤翔县博物馆藏

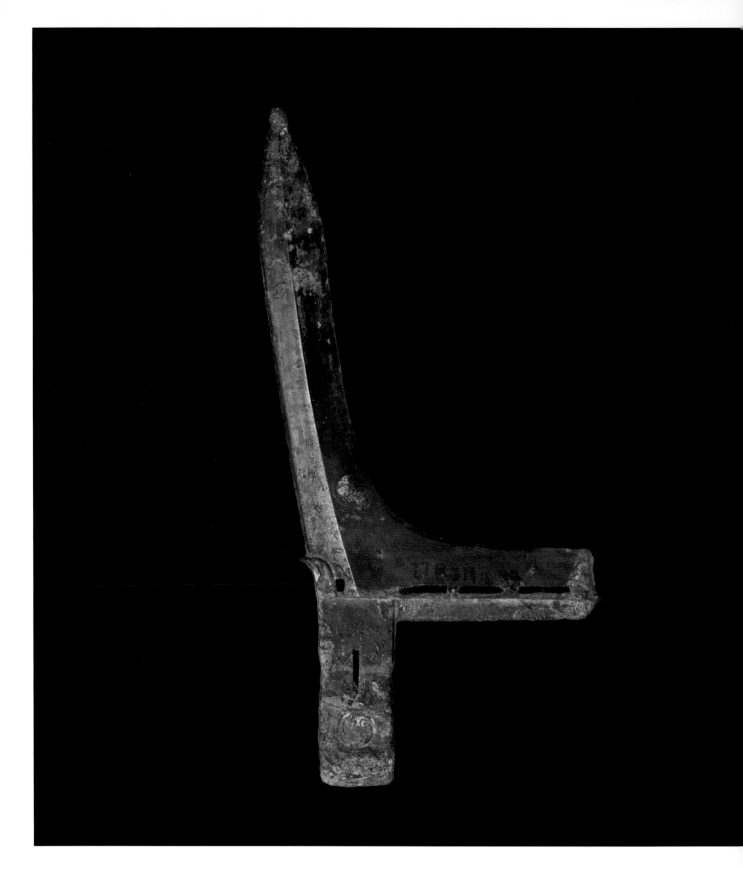

铜戈

年代：战国（前 475 — 前 221）

用途：兵器

凤翔县八旗屯村出土

陕西历史博物馆藏

铜 削

年代：春秋（前 770 — 前 476）

用途：生产工具

凤翔县八旗屯村出土

陕西历史博物馆藏

金首铜剑

年代：春秋（前 770 — 前 476）

凤翔县彪角镇出土

凤翔县博物馆藏

铜辟土

年代：战国（前 475 — 前 221）
陕西历史博物馆藏

铜铧

年代：战国（前 475 — 前 221）
岐山县出土
陕西历史博物馆藏

"隐成吕氏"陶缶

年代：战国（前 475 — 前 221）

凤翔县高庄村出土

陕西历史博物馆藏

陶大口罐

年代：春秋（前 770—前 476）

凤翔县八旗屯村出土

陕西历史博物馆藏

回首鸭形帽

年代：秦（前 221 — 前 206）
凤翔县范家寨镇干河村出土
凤翔县博物馆藏

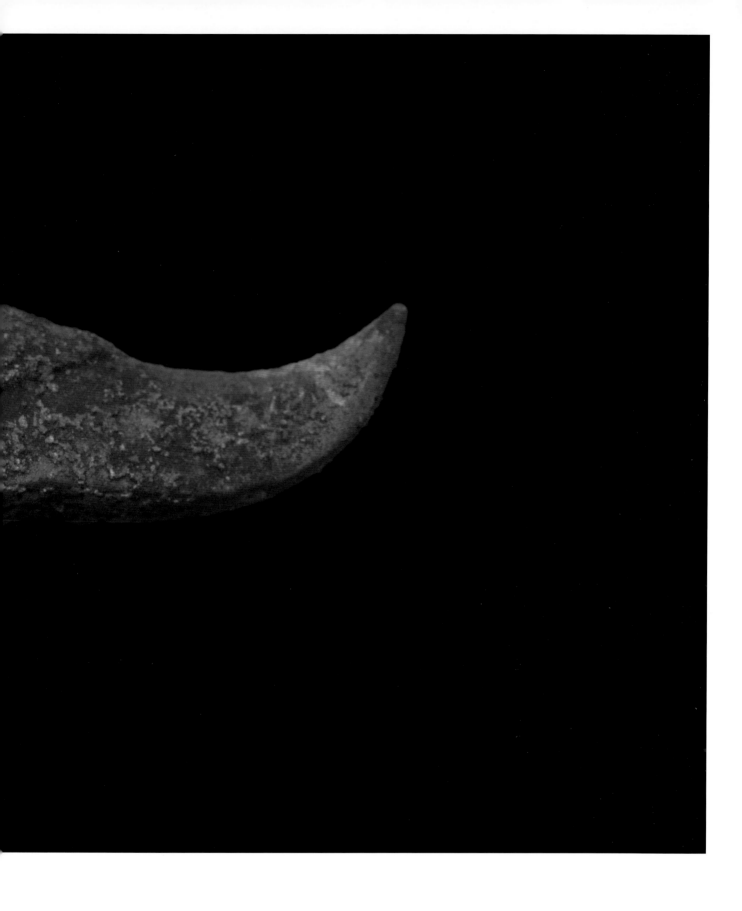

三

栎阳

改革之都

雍城作为都城无疑是当时秦国的最佳选择，也因其兼具军事防御和社会生活的良好条件，为秦国的发展做出了杰出的贡献。但秦国如果要继续向东扩展领土，立都远在关中西部的雍城，在指挥对晋国及中原诸国的战争方面，则不免有鞭长莫及、力不从心之感。

于是秦国在肃灵公时建都泾阳（今陕西泾阳县），到献公时更向东迁都至栎阳（今西安阎良区武屯）。通过这两次迁都，秦人在对晋国的战争中开始由弱变强，由守势变为攻势，实现了献公提出的"复穆公之故地"的夙愿，完成了作为军事性质的临时都城的历史使命。于是到孝公十二年时，再迁都到地理位置、地形和交通环境都更优越的咸阳。

秦之所以把都城从雍迁到泾阳，再进而迁到栎阳，其主要目的很明确，就是为了进一步巩固和扩大国土。因为秦穆公时一度夺得晋国河西地区，但由于雍城离河西之地太远，在当时的交通环境情况下鞭长莫及，河西地又得而复失，为了巩固已取得的土地，必须把国都迁往东部，一则利于国君指挥战争，二则易于控制得来的土地，以便得寸进尺。

虽然栎阳作为都城的时间比较短，但却在秦的发展过程发挥了重要的作用，是一个重要的过渡期。秦国在栎阳进行了"献公改革"和"商鞅变法"中的第一次变法，制定的改革方针政策影响了秦以后的发展。

1. 考古揭秘栎阳城

栎阳从秦献公二年（前383）开始建都，到秦孝公十二年（前350）迁都咸阳，作为秦的都城共34年。据《史记·秦本纪》载："（献公）二年，城栎阳。二十四年，献公卒，子孝公立……十二年作为咸阳，筑冀阙，秦徙都之。"栎阳城位于今西安市阎良区武屯街道办事处关庄和御宝屯一带。西南距今栎阳镇（唐代）约25千米，南距渭水约7.5千米，东北与富平为邻，北距康桥镇仅隔一石川河。

1964年，陕西省考古工作者曾对栎阳城址进行了勘探和调查。勘探的结果是，探出了3条街道、6个城门和500多米夯土城墙，发现了7处重点建筑。（田醒农、雒忠如《秦都栎阳遗址初步勘探记》，《文物》1966年第1期）1980—1981年中国社科院考古研究所对遗址进行了勘探和试掘，发现了南、西二城墙和3处门址、道路13条、建筑基址等15处，其东、北城垣可能被水冲毁。（中国社会科学院考古研究所栎阳发掘队《秦汉栎阳城遗址的勘探和试掘》，《考古学报》1985年第3期）也有学者认为本身不存在东城墙和北城墙，应以石川河为自然屏障。经过勘探和发掘发现，秦栎阳故城应有10座城门，即南门二、北门二、东门三、西门三。几处大型遗址均分布在城的中部，其中一号遗址尤为庞大。其范围，东西和南北均达350米。城内几条主要干道都通向此遗址。此遗址内有几处夯土基址，规模可观。出土有大量瓦片、红烧土及汉代砖瓦残块，当为栎阳宫遗址。城址西南部二号遗址范围较大，出土有板瓦、筒瓦、瓦当、空心砖、铺地砖等，当为一处秦汉时期的重要建筑遗存。四号遗址曾发现一个战国晚期铜釜内装金饼8枚，其中1枚阴刻篆书"四两半"，可知为秦金币，当有显贵或大贾居留于此。三号遗址出土有大量铁渣，当为一处冶炼作坊遗址。

据前朝后市的制度，宫城之北当设"市"。《史记·货殖列传》载："献公徙栎邑。栎邑北却戎翟，东通三晋，亦多大贾。"其"市"的规模当不会太小。《史记·商君列传》载，商鞅在秦国初次变法，为了赢得人们的信任，先导演了"南门徙木"的活剧，"令既具，未布，恐民之不信，已乃立三丈之木于国都市南门，募民有能徙置北门者予十金。"可知此"市"至少应设南、北门。

近年来，考古工作者配合大遗址保护对栎阳城再一次进行了考古勘探与发掘，取得了重要的收获，在此发现了三个古城城址，正好与历史记载吻合；在三号古城发现有"栎阳"字样的陶文，以及发现了北墙和西墙的遗迹，陆续发现了三个宫殿建筑遗址，还有半地下式建筑，浴室、壁炉等遗存，成果斐然。考古工作者终于确认了秦都栎阳城的遗址，而且找到了宫殿核心区，又发现保存很好的王室生活区，这是目前考古工作中极少见到的年代如此早的生活区。其中最令人意外的是发现了秦国国君与王后的浴室。浴室的发现是对秦汉宫殿生活区的第一次集中发掘，其重要性在于这是秦汉时期遗址遗存中最早、最集中、设备最全的浴室；还发现有壁炉、大灶等，从这里我们可以看到王室级御膳房的建筑设施。

此外，这里还出土了大量的筒瓦、板瓦、瓦当等建筑材料。其中的动物纹瓦当、槽型板瓦、筒瓦等建筑材料的特征与秦都雍城遗址的同类遗物形制大体相近，明显可以看出其继承关系。在三号古城内的大型建筑基址中，考古工作者发现了长73厘米、直径为63厘米的巨型筒瓦，同时还出土了一些夔纹大瓦当的残片、空心砖踏步道等指标性的遗物遗迹，标志着这些夯土建筑应为战国时期秦国国君的宫殿。

在发现巨型筒瓦不远的地方，考古工作者还发现了一处通向室外的砖质踏步。这种带有精美纹饰的空心砖铺成的踏步，十分精美。这种形制的踏步此前在秦都咸阳、西汉杜陵寝殿中发现过，说明这种形制的踏步只有皇帝、皇后这种身份的人才能使用，进一步证明了这里是秦国王宫的宫殿建筑。

在三号古城出土的器物残片上，考古工作者发现了"栎阳"及"宫"字样的陶文，确认了栎阳古城即是"商鞅变法"发生地的"秦都"。

栎阳作为秦的都城及在交通上的优势，使秦国经济得以迅速发展。献公七年，"初行为市"，对商品经济的发展起了重要作用，出现了"亦多大贾"的局面，1963年曾经在栎阳发现了8块金饼。考古发掘中多次出现陶文"栎市"，也证实了史书记载的正确。

栎阳还是秦国非常重要的粮食基地。据《云梦秦简·仓律》载："栎阳二万石一积，咸阳十万石一积。"很明显这里的农业在秦国占有重要的地位。栎阳也是秦代军工生产的主要产地，"栎阳右工室丞"封泥的发现就是明证。这些记录和发现说明，孝公十二年迁都咸阳后，栎阳的经济地位并未降低，仍然是当时秦经济繁荣发达的城市，对秦历史发展起着重要作用。

栎阳作为秦的都城虽只有34年，但却是秦从弱到强至为关键的34年。献公和孝公都是在秦历史上的开拓性国君，励精图治，为以后秦统一全国奠定了坚实的基础，而他们的大部分政治举措都是在栎阳发布施行的。因此，栎阳可以称得上秦都城中的"改革之都"。

2. 秦献公改革——"复穆公之故地，修穆公之政令"

秦献公名连，是秦灵公的儿子、秦孝公的父亲。秦灵公去世后，公子连没有能继承王位，君位被他的叔叔秦简公抢去了。10岁的公子连为防不测，逃到东边的邻国魏国，开始了长达29年的流亡生涯。公元前385年，公子连从魏归秦，武力夺取政权，是为秦献公，献公即位的第二年，随后开始了秦国的改革大业。改革内容主要有：

其一，废止了秦历史上延续近300年的人殉制度，规定"止从死"。明令禁止使用人殉。人殉是一种野蛮落后的制度，秦的人殉制度在此之前也是比较严重的。在秦公的墓葬内大都有殉人出现，穆公墓中据记载有177人殉葬，已经发掘的先秦时期最大的墓葬秦公一号大墓中有186个殉葬者，不仅有奴隶、妃妾，还有贵族大臣。因此"止从死"是一项重大的改革，既保存了珍贵的劳动力，减少了人口的非正常损失，也能吸引列国的人口和人才的进入，是赢得人心的重大举措。

其二，实行户籍"相伍"制度，将五家人编成一伍，加强对户籍的管理。

其三，推行县制，设立了四个县，特别是把栎阳改为县，更具有重大意义，因为在当时情况下，县的设置一般都是军事要冲，地理位置极为重要。

其四，"初行为市"，发展商品经济。这一举措维护了市场交易的秩序，增加了秦国的财政收入。

献公的一系列改革，恢复和增强了秦的国力，使秦在向东扩张中取得了重大胜利，特别是公元前364年秦出兵进攻韩魏联军，在洛阴（今陕西大荔南）初战告捷。两年以后，秦又向河东进攻，在石门（今山西运城西南）与魏军大战，斩敌六万，是秦战国时期对外战争的第一次大胜，对魏国是一次沉重打击，连周天子也给予祝贺，并赐予"伯"的称号，从而提高了秦国的地位。

公元前362年，秦又夺取魏的少梁（今陕西韩城西南），俘虏了魏将公叔痤，攻取了庞城（今陕西韩城东南），逼迫魏国不得不在公元前358年"使龙贾筑长城于西边"，这条长城的修筑显示了魏国对秦国已从攻势转入守势。

献公在位23年，对秦国的发展确实起了很大作用，也为秦孝公的进一步改革开启了先声。因此，《史记》评价秦"至献公之后，常雄诸侯"。

3. 开明君主秦孝公——商鞅变法的推动者

秦献公死后，太子渠梁即位，这就是秦国有名的支持商鞅变法的秦孝公。虽然献公通过改革取得了一定的成效，但是秦国并未从根本上摆脱困难的处境，河西之地尚未全部收复。秦孝公即位后，继承其父亲的遗志，继续发奋图强、深化改革，于是发出求贤令，"宾客群臣有能出奇计强秦者，吾且尊官，与之分土。"（《史记》）于是商鞅经人推荐从魏国来到了秦国，得到了孝公的信任，进行了历史上有名的商鞅变法。

魏国是法家思想的发源地之一，也是战国时期最早实行变法的国家，盛行法家学说，商鞅在魏期间，对法家思想进行了深入研究，受李悝《法经》的影响更大，逐渐形成了自己的法治理论。魏国丞相公叔痤深知商鞅的才能，称他"年虽少，有奇才"，于是在临终前将商鞅推荐给魏惠王，并要求委以重任。并告诫魏惠王如果不用商鞅则"必杀之，无令出境"，以免被他国所用。但魏惠王并未把商鞅当回事。商鞅在魏国不得志，为了施展自己的远大抱负，便在秦孝公的求贤令下来到秦国。商鞅到秦后经孝公宠臣景监推荐，与孝公有过三次关于如何使秦国强大的对话。由于这时商鞅还不了解秦孝公的真正打算，便在第一次见面时，把道家学说讲了一通，孝公根本不感兴趣，听得直打瞌睡。第二次，商鞅又求见孝公，改为大讲儒家学说，孝公仍然不愿意听。于是孝公十分生气地对景监说："你推荐的人简直太迂腐了，我哪能用他呢？"可是商鞅经过前两次的对话却由此摸透了孝公的打算，知道孝公是想使秦国尽快富强称霸。于是第三次对话的议题便是霸道，当谈到霸道即富国强兵之道时，孝公甚为高兴，颇感兴趣，他听得全神贯注，"不自知膝之前于席也"，因为古人席地而坐，他不知不觉就移到了商鞅的面前。后来两人连续谈了几天，孝公对商鞅刮目相看，立即任命商鞅为左庶长，让商鞅开始变法的筹备工作。

在开始变法之前，孝公根据秦国社会的现状，感觉到有难度，于是先进行统一思想的工作。由他亲自主持，小范围地召开了几次改革辩论会，咨询大家的意见。经过几个回合的辩论，孝公下了最后的决心，让商鞅草拟变法方案。当时太子的老师公子虔和公孙贾在幕后唆使太子反对变法，企图阻挠变法。商鞅说："太子犯法，是老师没有教育好，应该给老师处罚。"于是下令把他俩一个割掉鼻子，一个脸上刺了字。从此再没有人敢议论新法了。为了保证新法顺利实行，商鞅还杀了不少反对变法的贵族。

商鞅拟好新法就要公布了，为了取信于民，他下令把一根三丈长的木头放在国都栎阳的南门，宣布若有人能把它搬到北门就赏十金。不一会儿南门口围了一大堆人，大家议论纷纷而又没人敢动。商鞅知道老百姓还是不相信他下的命令，就把赏金提高到五十两。这时有人壮着胆子上前，把木头扛起就走，一直搬到北门。商鞅立刻赏给他五十两黄金，一分也没少。这件事立即传了开去，一下子轰动了秦国。商鞅讲信用的声名于是建立起来。这就是有名的"徙木立信"的故事。

可以看出，秦孝公是商鞅变法的坚定支持者，如果没有秦孝公的支持，商鞅变法是难以成功的，中国历史或许可能重写。

4. 商鞅变法——开启富国强兵之路

商鞅为了保证变法的完整性和彻底性，先后共进行了两次变法，第一次在公元前359年，第二次是在公元前356年。改革内容包括：

政治上，废除了旧的世卿世禄制度，实行军功爵制。这一法令的制定，激发了人们在对外战争中奋勇杀敌的积极性，使国家兵力迅速强大起来，达到了扩张领土兼并弱国的目的。具体内容是不管职位高低，只要在战场上斩敌人脑袋一颗，授爵一级，可担任五十石的小官；斩首两个，授爵二级，可担任百石之官；立了战功，还赏赐田地。凡是没有立过战功的贵族，一概废除名位，废除级别，不能做官。按照战功确定级别然后根据新的级别，规定应享有的土地、住宅、奴婢数量。推行县制，废除分封制；"集小乡邑聚为县"，以县为地方行政单位，"凡三十一县"；县设县令以主县政，设县丞以辅佐县令，设县尉以掌管军事；县下辖若干都、乡、邑、聚。这一改革摧毁了旧制度的基础。

经济上，实行"重农抑商"政策。就是说，凡是努力从事农业生产缴纳租税的，免去其本身的徭役，而经营商业导致贫穷者，则要变为奴隶。国家授给农民田地，鼓励耕种。同时，也号召民众到荒野上开辟新的农田，承认个人新辟土地的所有权，允许土地买卖。统一度量衡，制作标准的斗、桶、丈、尺等，以利于公平交易。

社会风俗上，改变秦国"父子无别，同室而居"的落后风俗，规定"民有二男以上不分异者，倍其赋"，培养"勇于公战，怯于私斗"的好风气。

商鞅变法取得了很大的成就，秦国国势蒸蒸日上，出现了"家给人足"的繁荣景象，全国百姓以私下斗殴为耻，以为国家立下战功为荣，国家战斗力不断增强，在对外战争中均取得了胜利，成为战国后期最强大的国家。变法在秦国取得了巨大成功。沉重打击了旧贵族势力，壮大了新兴地主阶级力量，发展了社会经济，增强了秦国的军事力量。商鞅变法后，秦国"兵革大强，诸侯畏惧"（《战国策》），"家给人足，民勇于公战，怯于私斗，乡邑大治"（《史记》）。

商鞅的权势也因之而不断上升，被封为大良造，相当于当时关东六国的丞相。商鞅又两度率军破魏，秦孝公又把商、於一带十五个城邑封给他作食邑，号称商君。这时的商鞅势倾朝野，可谓一人之下、万人之上。很自然树大招风，改革也引起很多人，特别是旧贵族们的忌妒和憎恶。特别是商君之法剥夺了旧贵族的利益，导致秦国贵族多怨商鞅。于是赵良劝说商鞅，让他不要积怨太深，但商鞅不听。公元前338年，秦孝公驾崩，太子驷即位为惠文王，太子驷的老师曾经受到过商鞅的严厉惩罚，本身恨透了商鞅，正在这时公子虔诬告商鞅谋反。商鞅失去了靠山，只好仓皇出逃，等他来到秦魏两国边境的关口上，早已累得疲惫不堪，便想到旅店住一宿。旅店主人不知道他就是商鞅，向他索要"照身帖"，这应该算是我国最早的身份证了。商鞅不便交出照身帖，只好推说没有，旅店主人便毫不客气地说："商君有令，让没有证件的人留宿，店主是要连带判罪的。"商鞅走出旅店大门，喟然叹息说："唉，没想到我推行的法制的弊端竟如此严重啊！"于是商鞅便想逃到魏国，魏国人怨恨他曾经欺骗魏公子卬（áng）而打败魏军，不愿收留他，商鞅又想到别的国家去，魏国人也不答应，而且把商鞅送回秦国。商鞅只好来到其封地商邑，被车裂而死。商鞅虽死，但秦法未败。"秦妇人婴儿，皆言商君之法"。

商鞅虽然被车裂而死，但秦惠文王并没有废除商鞅之法，而是沿着变法的轨道继续前进。在他当政期间，北扫义渠，西平巴蜀，东出函谷，南下商於，为秦统一中国打下坚实基础。随着国力的增强，公元前325年秦惠文王改"公"称"王"，并改元为更元元年，成为秦国第一王，向天下宣告秦国的崛起，以及争霸天下的决心。

蟠虺纹铜鼎

年代：战国（前 475 — 前 221）

陕西历史博物馆藏

铜磬悬

陕西历史博物馆藏

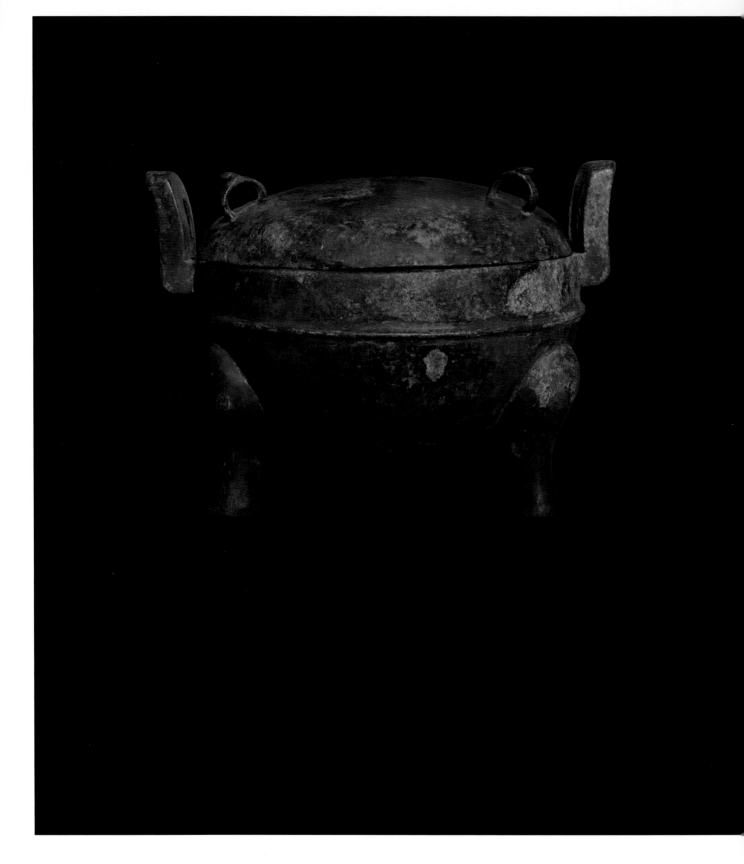

"高陵君丞"铜鼎

年代：秦昭王十五年（前292）
陇县出土
陕西历史博物馆藏

越式鼎

年代：战国（前 475 — 前 221）

安康市出土

陕西历史博物馆藏

"旬阳重七斤"铜锤

年代：战国（前 475 — 前 221）

安康市旬阳县出土

陕西历史博物馆藏

蟠螭纹铜豆

年代：战国（前 475 — 前 221）

洛南县出土

陕西历史博物馆藏

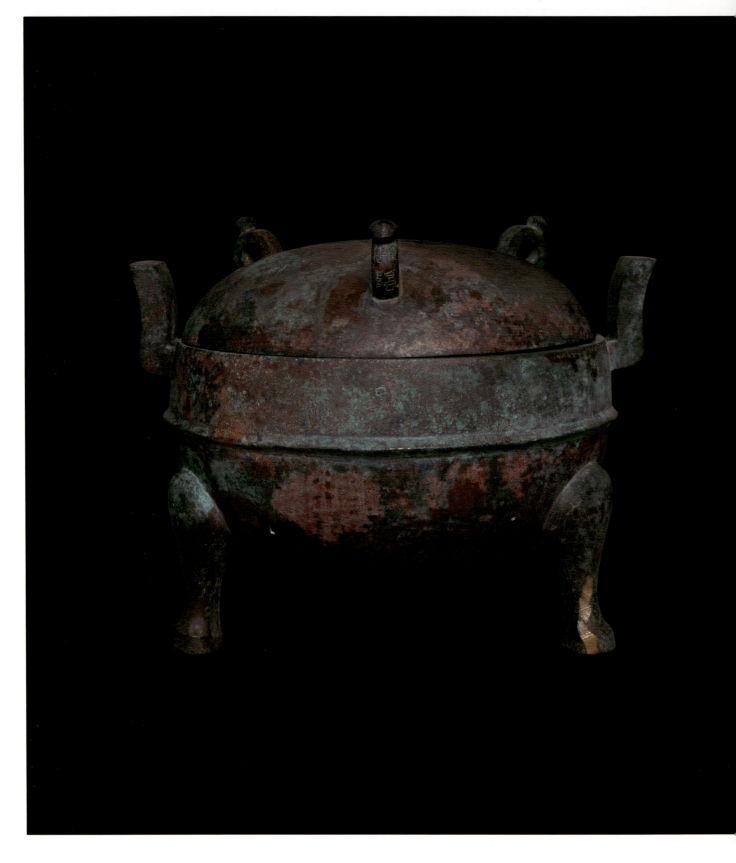

"雕阴"铜鼎

年代：战国（前 475 — 前 221）
黄陵县西山出土
陕西历史博物馆藏

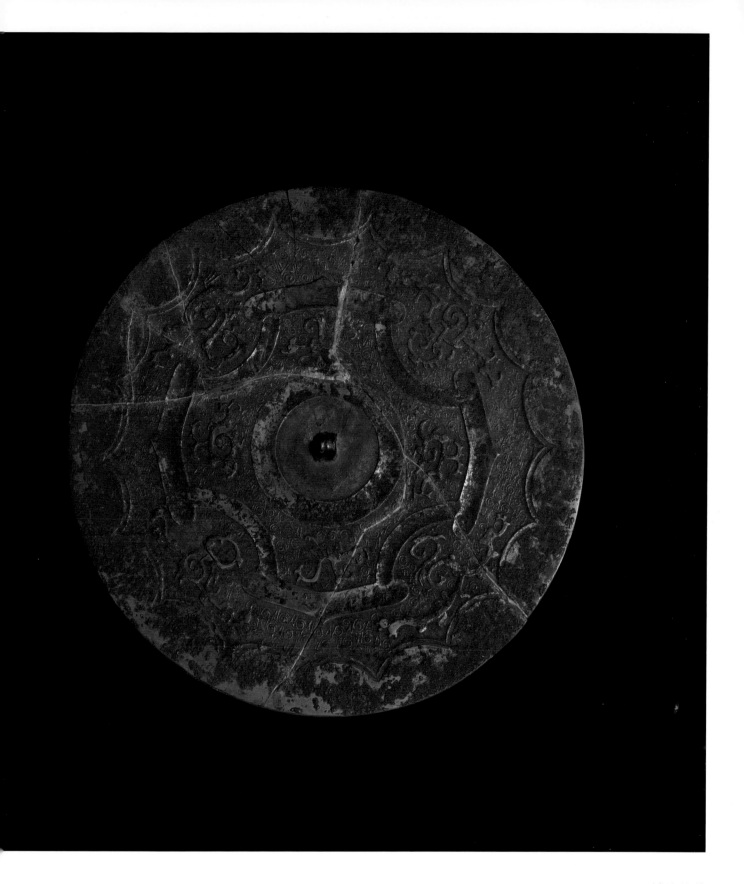

蟠螭纹镜

年代：战国（前475—前221）
陕西历史博物馆藏

蟠螭纹镜

年代：战国（前 475—前 221）

陕西历史博物馆藏

四乳蟠螭纹铜镜

年代：战国（前 475—前 221）

陕西历史博物馆藏

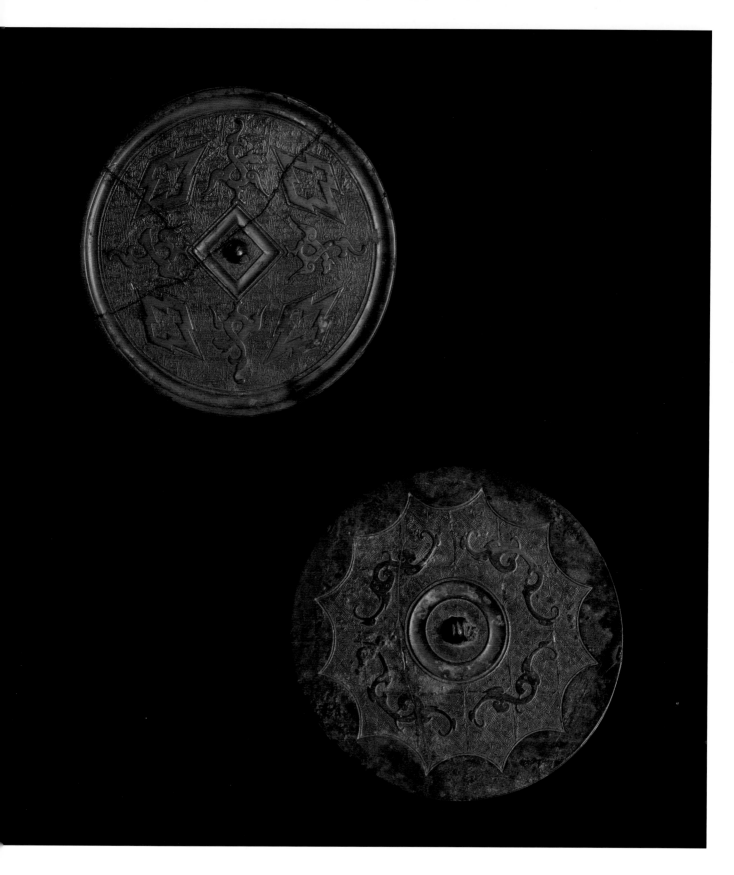

四夔龙纹镜

年代：战国（前475—前221）

城固县出土

陕西历史博物馆藏

四虺连弧纹镜

年代：战国（前475—前221）

陕西历史博物馆藏

四

咸阳

中华第一帝都

咸阳因位于九嵕（zōng）山之南、渭水之北而得名，山南水北皆为阳，故名咸阳。秦咸阳位于今天咸阳东北的窑店镇一带，窑店镇距现在的城区中心13千米。

咸阳作为秦的都城时间长达144年，从秦孝公十二年（前350）第二次商鞅变法到秦灭亡（前206），即从战国秦到统一后的秦代。大体可分为三个发展时期，孝公时期为初创时期，惠文王到庄襄王时期为发展时期，秦始皇时期为鼎盛时期。咸阳在秦的都城发展以至中国古代都城发展中具有举足轻重的地位。正是在这里，秦挥师东进，完成了对全国的统一，创造了华夏一统的泱泱帝国，奠定了统一中国的历史趋势。也正是在这里，秦制定一系列的巩固统一的措施，形成了新的国家管理模式，以至于影响中国历史两千多年，"百代皆行秦政制"，正如柳宗元《封建论》中所云："秦制之得，亦以明矣。继汉而帝者，虽百代可知也。"从而保证了中华民族的长久不衰和中华文明的绵延不绝。

1. 理想之都——帝都咸阳的选址

秦之所以把都城从栎阳迁到咸阳，是因为咸阳作为国都的条件较栎阳要优越得多。

其一，从战略上来讲，栎阳已完成了作为军事性都城的任务。随着献公、孝公在栎阳的改革和变法，秦在和魏国的战争中逐渐占上风，收复了失地，而魏国由对秦的攻势而变为守势，遂把国都从安邑往东迁至大梁（今河南开封），与中原各国进行争夺战争去了。而且魏国在洛河边修建了一条长城，以防御秦向东进攻，秦人完成了迁都栎阳的任务，再要扩大对东方的战争，完成统一大业，只有迁都咸阳才合适。

其二，咸阳作为国都较栎阳交通更为便利。交通是否便利是从古至今国家选定都城必先考虑的因素。咸阳附近的交通道路密集，可谓交通枢纽之地，来往于东南西北的人们都需经过此地，也是一个重要的渡口，著名的"咸阳古渡"正反映了这一情况。当时关中通往外地的主要道路有函谷道、武关道、渭北道、蜀道、萧关道等。函谷道也称渭南道，与渭北道东西相贯，沿渭而行，为崤函陇蜀间必经之道。渭河在咸阳附近呈西南东北转折，其东函谷道由黄河南岸延伸而来，其西渭河南岸已迫近秦岭山麓，地势起伏，有碍行旅，渭河北岸则较为平坦，大道由此渡渭最为便捷。大道渡口正是建立都城的理想场所，秦孝公从栎阳迁都咸阳，首先就是为了控制这一渡口，然后东出函谷。以咸阳为都，南渡渭河即可控制武关道，东南进取楚国。咸阳正处于这个交叉路口上，秦把都城迁至咸阳是通过函谷道对付东方和通过武关道对付楚国的必然趋势，加之咸阳靠近渭河，通过渭河可进行漕运。

其三，地形优越，易守难攻。咸阳南临渭水，东依泾水，逶迤起伏的秦岭、嵯峨、九嵕诸山遥遥相望，南北怀抱，进可攻，退可守，是建都的理想场所。

其四，在经济上的环境也优于栎阳。咸阳一带土地肥沃，是周代丰镐的近畿地区，开发较早，比栎阳一带的盐碱地更利于发展农业。

总而言之，秦迁都咸阳既是取其地理环境方面的优势，又是秦战略上的需要。正如乾隆年间《咸阳县志》所云："（咸阳）南临渭水，北倚九嵕，左挟崤函，右控陇蜀。"

2. 渭水贯都——帝都咸阳的规模和布局

秦都咸阳从秦孝公十二年的筑冀阙开始，到后来的"渭水贯都，以象天汉"，都城的规模一直处在发展扩大之中。

关于秦都咸阳的规模，传统的观点认为位于当时的渭河以北，正如《三辅黄图》所云："始皇穷极奢侈，筑咸阳宫，因北陵营殿，端门四达，以则紫宫，象帝居。"实质上惠文王以后，特别是秦昭王时期，秦的咸阳都城已不再局限于渭河以北地区，开始向渭河以南发展，后来的秦国君主在渭河以南修建了兴乐宫、甘泉宫、信宫、诸庙、章台、上林苑等建筑，均成为咸阳都城的一部分。因此确切地说，秦都咸阳北至泾水，南到终南山。大体可分为渭北宫室和渭南宫室两大部分。

50 多年来，考古工作者经过钻探、试掘，基本上可以确定秦都咸阳渭北的范围，西起石桥乡的何家、杨村，东至红旗乡的柏家嘴，东西长 12 千米，渭北咸阳的南部由于渭水的北移冲毁了一部分，北边到泾水。

关于渭水北移的原因有三：一是新构造地质运动；二是渭水以南支流从秦岭而下，山高坡陡，水流湍急；三是由于两岸土质等自然环境要素，而人为活动也起到了不应忽视的作用。

那么究竟渭河北移了多少呢？据《汉书·文帝纪》颜注引苏林云：渭桥"在长安北三里"，此渭桥即秦时的横桥，秦昭王建，秦始皇时期曾加以修缮和扩建，汉继续沿用。据《三辅旧事》载："秦于渭南有兴乐宫，渭北有咸阳宫，秦昭王欲通二宫之间，造横桥，长三百八十步。"考古工作者在咸阳市窑店镇南的东龙村以东 150 米处的渭河北岸发现了一条南北道路，东西宽 50 米，这条路是秦都咸阳遗址发现的道路中最宽的，往渭河南延伸恰与汉长安城的横门相对，北为牛羊村东西的二道原和半原地，西起胡家沟，东至山家沟为秦都咸阳的宫殿区。考古工作者沿横门往北，也发现了一条道路，向北延伸 1250 米后再无路土，表明西汉时长安城与渭水相距不足 1500 米。而今天长安城到渭河的距离约6500 米，说明渭河北移约 5000 米。据刘庆柱先生考察，渭水在这一带从秦迄今约北移了 4000 米。由此可见，冲掉的咸阳渭河以北的部分多为手工业坊遗址及商业区之类，秦人绝不会把宫殿等建在离渭水较近较低的地区，因为秦人长期与渭水打交道，对渭水的习性是了解的。据史书载，当时咸阳"因北陵营殿"，陵即大土山，也就是说建在咸阳二道原上，今天发现的咸阳主体宫殿也是在咸阳二道原上。

考古工作者在秦都咸阳遗址范围内共发现各类遗迹 230 余处，其中 6 处已经过试掘和重点发掘，揭露面积 15000 平方米，清理战国秦墓数百座，出土和采集文物 5000 余件。（陕西省考古研究所《秦都咸阳考古报告》，科学出版社 2004 年版）

（1） 渭北宫室

根据新发现的秦封泥资料，当时有关咸阳北宫的封泥有：北宫、北宫干丞、北宫干官、北宫工丞、北宫工室、北宫宦丞、北宫库丞、北宫私丞、北宫弋丞、北宫御丞等。总品数多达 37 枚，其中有些是少府属官，有些纯粹是后宫属官。

咸阳宫

唐人李商隐在《咸阳宫》一诗中讲的"咸阳宫阙郁嵯峨，六国楼台艳绮罗。自是当时天帝醉，不关秦地有山河"，是秦都咸阳渭河以北宫殿群的统称，也是在秦都咸阳修筑的最早宫殿。秦的许多重大事件都发生在这里，重大的议事、朝会活动都在此举行。这里也是项羽入关后首先烧掉的宫殿。其遗址即考古工作者发现的一、二、三号等宫殿遗址。

目前已发掘的几个建筑遗址有：

一号宫殿遗址位于窑店乡牛羊村北原上，发掘前夯土台东西长 60 米，南北宽 45 米，高出地面 6 米，揭露面积 3100 平方米，通过对揭露出的遗迹现象进行复原研究，发现这是一座以平面呈长方曲尺形的多层夯土高台为基础、凭台重叠高起的楼阁建筑。台顶中部有两层楼堂构成的主体宫室，四周布置有上下不同层次的其他较小的宫室。底层建筑和周围有回廊环绕。其特点为把各种不同用途的宫室集中到一个空间范围内，结构相当紧凑，布局高下错落，主次分明，在使用和外观上都收到较好的效果。在宫室中央发现一个直径达 64 厘米的柱子，这和《史记·刺客列传》中记载的荆轲刺秦王时秦王政"环柱而走"相互为证。

咸阳宫的地面为朱红色，其结构系夯土台基上垫一层厚 10 至 15 厘米的砂土，上置厚约 10 厘米的粗草烂泥打底，再抹上 1 至 2 厘米的碎草烂泥，表面施朱红色，证实了《三辅黄图》所载的"土被朱紫"。各室之间用回廊连接，有东北、北、西、南几部分，其中东北、北和西回廊相通，且均为直角，墙壁构筑与房屋同，地面只做草泥处理，回廊东西各有一踏步。两踏步均为六步五级，用长方形空心砖铺设。一号宫殿遗址上，发现各种各样的建筑材料和构件。从这一建筑地平的水平测量来看，在 50 米距离范围内标高误差不超过 1 厘米，即相对误差控制在千分之二范围内，表现了古代劳动人民高超的工程技术水平。（刘庆柱、陈国英《秦都咸阳第一号宫殿建筑遗址简报》，《文物》1976 年第 11 期）从出土物的特征判断，其遗址建于战国晚期。从发掘情况来看，这一建筑艺术高超，为土木混合结构，在我国建筑史上占有重要的地位，对各房间的使用功能、通道、采光、排水及结构方面都做了合理安排，平面有主有次，统一而不呆板，这种将一般宫观的分散布局方式集中在一个空间范围内，在中国建筑史上是迄今为止首次见到的。

二号宫殿遗址位于一号遗址的西北，仍然是以夯土台为基的大型台榭建筑，且规模更大。基址东西长 127 米，南北宽 32.8 至 45.5 米，其东南与一、三号遗址用回廊相通。有宫室 5 处，保存较好。围绕高台建筑的底部有依台修筑的一周回廊。在二号宫殿遗址发现竖管 18 个，分布于回廊和庭院地面，推测是用来插放旗杆用的。同样发现了许多建筑构件。壁画发现于回廊地面堆积中，均属残块，计 350 余件，其最大者 31 厘米 ×17 厘米，能识别者为马、凤羽、枝叶、蔓草等。从二号遗址发掘情况来看，仍是以夯台为中心、土木构架为主要结构形式的多层台榭建筑。以台上的宫殿为主体，辅以依台壁修建的一圈回廊和服务于宫室的东西对称的两处廊下盥洗室。这个遗址是咸阳宫中处理政务的一处主要场所。

三号宫殿遗址位于一号遗址的西南，相距近百米，据钻探得知，三号遗址东北角与一号遗址西南角有建筑相连，也位于夯土台基上，遗址东西长约 117 米，南北宽约 60 米，发掘了遗址西部的一部分，发现廊道 2 条，屋宇 2 座。这一遗址最大的考古收获是出土了大量壁画，壁画主要出于廊东西坎墙墙壁上，有车马出行图、仪仗图、建筑图、麦穗图等。车马图每间 2 至 3 组不等，每组 4 马 1 车，共 7 套车马，马有枣红色、黑色、黄色 3 种，皆作奔腾状。仪仗图现存人物 11 个，均残缺，分上下 2 列，人物均着长袍。建筑图有南、北二楼，均为二层，每楼南北两端各一角楼，北楼北端角楼共 4 层，人字形顶。全长32.4米的画廊，画面主题突出，并辅以松柏等植物及各种几何纹或其他图案衬托，构图新颖多变，设色浓淡相间，富有古朴的现实主义感。三号宫殿遗址也是战国晚期的，是秦都咸阳宫的一部分，但稍晚于一号遗址，是宫廷活动的场所。其遗址中出土的壁画，无疑在秦代绘画和建筑史上均具有重要意义，一则填补了秦代绘画的空白；二则证实了史书中关于秦汉时期建筑中有壁画的记载。在建筑史上，虽然春秋战国时期主要建筑物上已有壁画出现，秦汉时期在宫室建筑中已广为普及，对宫殿起到装饰美化的作用。但均未出现实物，秦咸阳宫中壁画的发现，填补了宫室建筑史上的这一空白。

咸阳宫是渭河以北地区宫殿建筑群的统称，包括了众多的宫殿台榭建筑，除了已经被考古发掘证明了的，见于文献记载的还有以下7座宫殿。

六英之宫

据《史记·赵世家》记载，赵武灵王于公元前299年，身着胡服诈称使者来咸阳六英宫刺探情况，当秦昭王发觉时，"主父（赵武灵王）驰已脱关矣"。《七国考》引《广记》云："主父（赵武灵王）入秦，直至昭王所居六英之宫，而人不觉。"

赵武灵王是战国时赵国的明君，采取了著名的"胡服骑射"改革，从而使赵国军事实力大增。赵武灵王于公元前299年，传位于王子何，自号主父，专心致力于赵国的军事建设和对外战争，国内政治、经济事务则全部交由赵何负责。赵惠文王元年（前298），赵武灵王向秦国施加压力，迫使宣太后任命赵人楼缓为秦相，以便为赵国谋得更大的利益。楼缓入秦时，赵武灵王假装随从人员，跟在楼缓左右。进入秦地后，赵武灵王对沿途的地理环境、风土人情详加考察，作为以后攻秦时所用。秦昭襄王和宣太后在接见楼缓时，发现向来以风采自傲的楼缓，对他身后的高大随从不经意间有屈顺之意，颇感好奇，并在短暂的问答中，发现这个人的胸怀与见识非同常人，于是产生了怀疑。在楼缓告辞后，赵武灵王便匆匆辞别返回赵国。宣太后与秦昭襄王觉得楼缓的随从绝非等闲之辈，于是速派使者宴请楼缓与这个非凡的随从。楼缓赴约后，称随从因失礼已被遣回赵国。这番说辞更加坚定了宣太后的判断，认定这个人就是赵武灵王，于是速派精骑追逐，追到边塞也没有见到赵武灵王。当时昭襄王会见赵武灵王就在六英之宫。

斋宫

这里是杀死赵高的地方。《史记·秦始皇本纪》云："子婴遂刺杀高于斋宫，三族高家以殉咸阳。"公元前207年，秦二世胡亥被赵高女婿被逼自杀于望夷宫。《史记·李斯列传》："高自知天弗与，群臣弗许，乃召始皇弟，授之玺。子婴即位，患之，乃称疾不听事，与宦者韩谈及其子谋杀高。"胡亥死后赵高令人将其以黔首身份草草埋葬。后又令子婴实行斋戒，要到宗庙行礼，接受传国的玉玺。子婴与他两位儿子及宦者韩谈共谋议谋杀赵高。赵高几次派人来请，子婴都不去宗庙。等赵高亲自来到斋宫，子婴便命令韩谈刺死他，并随即把他的家人全部处死。

曲台之宫

《汉书·邹阳传》："臣闻，秦依曲台之宫悬衡天下。"应劭注曰："始皇帝所治处也，若汉家未央宫。"

咸阳宫是秦都中的主要宫殿，有许多重要的活动均在此举行。如公元前227年，秦王政见"燕使者咸阳宫"，在此演出了一幕惊心动魄的"荆轲刺秦王"的活剧。随着秦国的不断强大，灭燕是迟早的事。于是在秦国做质子的燕国太子丹逃亡回到燕国，亲自导演了脍炙人口的活剧——"荆轲刺秦王"。荆轲"好读书击剑"，有谋略，有胆识，是一位慷慨悲歌之士。荆轲嗜酒，每日与两位至交好友高渐离及狗屠饮于燕市。当酒酣耳热之时，高渐离击筑，荆轲和而歌之，欢歌悲泣。燕国处士田光知其非寻常之人而善待之。

秦王政灭韩攻赵，燕国感到情势紧迫，太子丹忙向田光请教对策，田光把荆轲推荐给他。太子丹恳请荆轲担当刺杀秦王的重任，他认为燕国弱小，不是秦国的对手，而诸侯畏惧强秦，不敢联手抗秦。秦始皇十九年（前228年），王翦破赵，虏赵王，兵至燕国南界，寻机渡过易水伐燕，燕国上下震动。太子丹敦促荆轲尽快赴秦。荆轲痛快答应但请求两样东西，一是燕国督亢的地图，二是樊於期的头颅。樊於期是战国末年武将，曾为秦国将领，因伐赵兵败于李牧，畏罪逃往燕国，被太子丹收留。荆轲认为，秦王政急于夺取燕国领土，又以"金千斤，邑万家"的悬赏缉捕樊於期，如果献上这两样礼物，就可以获得秦王政的信任。太子丹当即答应提供地图，而对于献出樊於期的人头则不忍心。于是荆轲亲自面见樊於期，樊於期报仇心切，当即自刎而死。

太子丹又为荆轲提供了四个条件：一是赵国工匠徐夫人锻造的匕首。这种匕首锋利无比，又以毒药淬之，可以见血封喉。匕首藏于地图之中，以便携入秦宫。二是燕国勇士秦舞阳，太子丹令秦舞阳为荆轲副手。三是敢死之士20余人随从入秦。四是价值千金的财物，供荆轲打通关节使用。荆轲至秦，通过秦王宠臣中庶子蒙嘉向秦王进言，燕国像别的诸侯做秦国的臣民，像秦国的郡县一样贡纳赋税，还送来樊於期大将的人头。秦王政闻之大喜，于是决定身着朝服，设九宾之礼，在咸阳宫接见燕国使者。荆轲等人奉命晋见，荆轲捧着樊於期头匣，秦舞阳捧着地图匣。走到秦宫殿的台阶下，秦舞阳被秦国威严的朝仪所震慑，脸色大变，身体颤抖，令群臣产生怀疑。荆轲回顾舞阳，微微一笑，走上前去向秦王谢罪，请秦王宽恕其因为没有见过大世面而有失礼节的表现。嬴政下令献上地图，荆轲从容展开地图，"图穷而匕首见"。这时的荆轲左手抓住秦王衣袖，右手持匕首猛刺。结果未刺中秦王，秦王政绕着朝堂上的柱子跑，荆轲则紧紧地追着。臣子中有个伺候秦王的医生急中生智，拿起手里的药包对准荆轲砸了过去。荆轲用手一挡，那只药包就飞到一边去了。就在这时，秦王政拔出宝剑，砍死了荆轲。太子丹设谋刺杀秦王实为下策，也是无奈之举。从当时的形势看，无论荆轲刺秦是否成功，都很难挽救燕国即将覆灭的命运。

即使后来在渭南修建了一些宫殿后，秦始皇仍然"听事，群臣受决事，悉于咸阳宫"（《史记》）。反映出咸阳宫在秦时的重要性。

在咸阳宫的前面当时耸立着12个高大的金人（即铜人），既是秦统一后加强统治的有效方法，也是秦统一后科技高度发展的产物。秦始皇统一天下后，为了巩固其政权，下令收缴天下兵器，铸成12金人，立于咸阳宫殿之前。秦始皇铸造的12个金人，实质上就是12个独立的铜人像。铜人"重各千石"，即秦时的12万斤，相当于现在的30751千克。其重量是安阳武官村出土商代"后母戊"大铜鼎重量的35倍，是曾侯乙墓铜人及盘龙底座的100倍。可以想见铸造技术难度非常大。12个铜人铸成后，被安放在咸阳宫司马门的两侧，金光闪闪，威风凛凛，不但具有装饰效果，而且透露着四夷宾服的王气。

可惜的是，由于历史和人为的缘故，现在已看不到这12个铜人的踪影了。它们究竟到哪里去了呢？目前有以下几种不同的说法：

一种说法是12个铜人毁于董卓、苻坚之手。东汉末年，董卓率兵攻入长安，便将其中的10个铜人销毁，铸成铜钱，剩下的两个被他迁到长安城清门里。至三国时，魏明帝曹睿下令把这两个铜人运往洛阳，当运到霸城时，由于铜人太重难以搬动而不得不终止运行。到十六国时，后赵的石季龙又把这两个铜人运到邺城（今河北临漳）。到了前秦王苻坚统一北方后，再从邺城将这两个铜人运回长安销毁。至此，前后经历了约600年的铜人全都被销毁了。

另一种说法是这12个铜人并未被毁掉。由于12个铜人是秦始皇生前的喜爱之物，所以在秦始皇陵墓营造好后，这12个铜人和其他精美的物品一起被当作随葬品而葬于陵墓之中。

另外，据《三辅黄图》记载：金人铸成后，初置钟宫，后移至阿房宫。秦亡，阿房宫毁，12金人被埋废墟。西汉刘邦定都长安后，运12金人至长乐宫之大夏殿。

在咸阳都城的渭河以北，除了咸阳宫，还有冀阙、仿六国宫室、兰池宫、望夷宫等宫殿建筑。

冀阙

秦都咸阳最早的宫观是"冀阙"，《史记·秦本纪》载："（秦孝公）十二年，作为咸阳，筑冀阙，秦徙都之。"冀阙是秦孝公十二年迁都咸阳之前由商鞅监修，仿照鲁国和卫国的建筑形式建造的，"营如鲁卫"。《史记索隐》云："冀阙即魏阙也，冀，记也。出列教令，当记于此门阙。"阙为类似于门的建筑，与观的作用相同，《三辅黄图》载："阙，观也。周置两观以表宫门，其上可居，登之可以远观，故谓之观，人臣将朝，至此则思其所阙。"由上可以看出，冀阙实质上应为咸阳宫殿的门阙。是秦定都咸阳以后的第一个建筑。

仿六国宫室

《史记·秦始皇本纪》云："秦每破诸侯，写放其宫室，作之咸阳北坂上，南临渭，自雍门以东至泾渭，殿屋复道周阁相属，所得诸侯美人钟鼓，以充入之。"又据《后汉书·皇后纪》云："秦并天下，多自骄大，宫备七国。""写"是描摹，"放"即"仿"，是模仿原样，并取其所长，在此基础上融合了秦的一些建筑，使之既有其原风格，又同咸阳宫建筑能比较接近或协调起来，体现了当时不同建筑形式和不同的技术经验的融合和发展，代表了当时建筑学的新水平。

秦始皇之所以修建仿六国宫室，是为了彰显其统一六国的功绩，同时也具有美化都城的作用，因为当时六国宫室的建造，集中了当时六国中的能工巧匠，是战国时期各国建筑文化的杰作。从目前发掘的六国都城的情况可见一斑。赵邯郸、燕下都、楚都郢、齐都临淄、韩国新郑的规模都很大，而且建筑技术高超。

关于六国宫室的具体地望，《史记·秦始皇本纪》记载在咸阳北坂。咸阳北坂其实就是指咸阳北原，但在此应限定范围。此处司马迁之所以提出咸阳北坂，是为了与秦都咸阳渭河南的南原相区别，因为到秦始皇时，秦都咸阳已不只局限于渭北咸阳，而且渭河以南也在咸阳的范围之内，秦咸阳都城已是"渭水贯都"。刘庆柱先生认为六国宫室可能在咸阳宫的东西两侧。"毛王沟曾出土楚金币，出土陶器有'咸屈'陶文，可能是内迁楚国屈姓的制品，聂家沟西北出土有高足鼎，亦非秦的器物，这些可能与六国贵族的活动有关，六国宫殿是软禁六国贵族的，若离咸阳太远不便监督，因而不可能延伸到长陵以北。"陈国英先生认为在咸阳宫城西的聂家沟，此处发现秦建筑遗址两座，宫城东发现建筑遗址数座，宫城北也有建筑遗址，且可能延伸到长陵以北。在长陵邑所在的怡魏村发现两座秦大型建筑遗址，这些遗址虽未发掘，但按其位置可能是仿六国宫殿遗址。王丕忠先生曾在怡魏村采集到瓦当三品，一是双兽树枝纹半瓦当，二是树枝菱角纹半瓦当，三是云水纹半瓦当，这三品瓦当与齐都临淄出土的瓦当相同。

兰池宫

因在兰池之旁而得名，是秦时国君常游幸之地，据《三秦记》云："秦始皇作长池，引渭水，东西二百里，南北二十里，筑土为蓬莱，刻石为鲸鱼，长二百丈，亦曰兰池陂。"这是当时秦在都城咸阳修建的一个自然景观，湖面可以荡舟游览，其中有蓬莱山、鲸鱼石等景观，兰池中蓬莱山的修筑是对秦始皇东巡求长生不老药的心理补偿。公元前221年，秦王政统一六国，并自称"皇帝"。然而已坐拥天下的秦始皇并不满足，面对大好河山安乐荣华，他开始憧憬长生不老的神奇，甚至有了开万世王朝的雄心。秦始皇一心想成为长生不老的神仙，陶醉于寻访神仙的活动中，在十年间五度出巡。其中有四次与求长生不老药有关系。他千方百计矢志不移寻求长生不老药，公元前219年，秦始皇曾为求长生不老药，在东海边一直辗转流连了三个月，方士徐福投其所好，编造东海中有叫蓬莱、方丈、瀛洲的三座仙山，仙山上有长生不老之药，于是秦始皇派方士徐福率童男童女数千人入海寻访仙人，却一去不返。公元前215年，他再次东巡，到达碣石后，有个燕国方士卢生在秦始皇面前吹嘘求仙学道之事。秦始皇求仙心切，又派卢生、侯公前去寻找神仙和不死之药。秦始皇望眼欲穿之际，卢生又欺骗秦始皇要"微行以避恶鬼，恶鬼避，真人至"（《史记》）。于是，秦始皇下令在咸阳已经建成的270座宫殿间建造复道、阁道、甬道，他在众多的宫殿里行居不定，如果有人说出他的住所，就立即被处死。然而长生不老药依然没有找到，遂在兰池中建造仿照海上仙山的情形，建造蓬莱和石鲸鱼，这里也成为秦始皇的常游幸之地，有时甚至夜宿兰池宫。《史记·秦始皇本纪》记载："（始皇）三十一年十二月……始皇为微行咸阳，与武士四人俱，夜出逢盗兰池，见窘，武士击杀盗，关中大索二十日。"秦始皇微服夜行，却在兰池宫遇见盗匪，幸好有武士护驾，才幸免于难，之后还要劳师动众地进行大范围抓捕，最终无功而返。这就是历史上所说的"兰池逢盗"。

兰池宫具体位置即今咸阳宫遗址以东的杨家湾，这里现在是一呈簸箕形的大湾，北、西、东三面有高约5米的岸畔，南面开阔平坦与渭河之滨相连，杨家湾在20世纪50年代平整土地时发现淤泥层甚厚，同时在渭河发电厂扩建时钻探得知，秦汉以来覆盖有20个文化层。据考古调查，在杨家湾西面的原上柏家嘴一带采集到大量秦铺地砖、空心砖、瓦当、陶片等，其形状、纹饰与秦咸阳宫一样，显然是一处秦建筑群遗址。而此地又在兰池的西岸，当为秦兰池宫，秦末被项羽焚毁。据考古工作者钻探，在此处发现了6处大小不等的夯土建筑遗址。

望夷宫

秦始皇修建，是秦都咸阳在北部的哨所，南距咸阳宫约8000米。当时北边由于有匈奴经常骚扰内地，秦始皇便在咸阳东北的泾水南修建了望夷宫，作为瞭望哨所。咸阳市文物普查队依据史料记载对泾阳县将刘乡王福村和二杨庄一带进行考察，发现一处夯土高台，这儿恰好在泾阳东南的泾水边。现存夯土台基东西长98米，南北宽34米，宫殿基址由于河流的两千年冲刷，已被蚕食很多。在遗址范围内采集到各种瓦当，有云纹、凤尾纹、素面、葵纹，还有筒瓦、板瓦、回纹空心砖、素面空心砖、回纹方砖、太阳纹方砖、素面方砖等。在此还发现了壁画残片及大量的红烧土层。

秦二世就是在这座宫殿中被杀的。当时项羽入关，身为中丞相的赵高，害怕秦二世归罪于己，便先发制人，于公元前207年派他的女婿咸阳令阎乐逼杀秦二世胡亥于望夷宫，史称"望夷宫之变"。

自从巨鹿之战后，秦军主力尽丧，灭亡进入倒计时，公元前207年9月，刘邦攻入武关。秦二世闻讯大惊，急召赵高入宫议事，赵高却称病不朝见，并与其弟郎中令赵成和女婿阎乐谋划政变。经过几番密谋，最后决定以赵成为内应，假说宫中有变，阎乐率兵进攻秦二世的住处望夷宫。秦二世自知难免，拔剑自杀。这是秦二世养痈遗患的下场。

（2） 渭南宫室

秦为何把都城向渭河南发展呢？这是因为渭河北在交通、水环境和游赏的环境等方面都不如渭河以南优越。

第一，秦咸阳都城在刚建时，在渭河以北的咸阳原上，并且得到了很大的发展，正如《汉书·五行志》所云："惠文王初都咸阳，广筑宫室，南临渭，北临泾。"但秦都咸阳向北发展，受到泾水的限制，无法向北继续扩展，坐北面南的都城只有向渭河以南发展了，这是秦都城向渭河南发展的关键原因。后来的阿房宫建在咸阳都城的最南端，以南山为阙，正是这种坐北面南思想的反映。

第二，相对于渭河以北，渭河以南用水方便。渭河以北咸阳原上地势高亢、缺水，城市供水困难是秦咸阳向南发展的原因之一。而渭河以南地势低平，来自秦岭的河流纵横如网，沣河、滈河、潏河等为都城提供了用水的方便条件，水可以自然流入都城与宫殿之中，增强了都城的活力。

第三，在渭河以南营建宫殿是秦战略目标转移的需要，自从秦和魏为河西进行了一番争夺后，魏国已处于劣势。于是秦人便把战略重点转向东方，而对东方的用兵，从渭河以南通过函谷关较之渭北优越。

第四，咸阳渭河以南地区是周王朝的建都之地，开发程度高。《史记·秦始皇本纪》载："（始皇）三十五年……始皇以为咸阳人多，先王之宫廷小。吾闻周文王都丰，武王都镐，丰镐之间帝王之都也。"随着秦国力的增强，国都的人口不断增加，向渭河南发展才有广阔的空间。当然，秦都向渭南发展，也有仿周都之意。周文王都丰，武王都镐，中隔沣水，这种建都形式除了其他原因，对美化都城环境也有好处。秦人和周人一样，发展轨迹也是由西向东，仿建周都的示范区营建咸阳，把渭水置于都城中，形成"渭水贯都"的优越环境。

秦在渭河以南的宫观有：

章台

章台是秦都咸阳在渭河南岸的主要宫室建筑之一，秦王的许多重要外交活动都在这里举行。《史记·廉颇蔺相如列传》云："秦王坐章台，见相如。"章台被当成秦国的象征，又如《史记·苏秦列传》云："苏秦说楚威王曰：今欲西面而事秦，则诸侯莫不西面而朝于章台之下矣。"说明章台在当时的作用很大。未央宫前殿是在秦章台的基础上建造的。考古工作者曾在前殿遗址的汉代建筑之下发现有叠压的战国时代秦砖、瓦及瓦当等遗物，当为秦章台的建筑构件。秦章台正是利用龙首原北坡的地理形势建造而成的高大建筑物。

《史记·樗里子甘茂列传》云："昭王七年，樗里子卒，葬于渭南章台之东。"章台街因章台而得名，故章台也应在长安城中。《汉书·张敞传》记载西汉时京兆尹张敞朝事活动在未央宫，罢朝后走马章台街，说明章台街就在汉未央宫内及附近。汉长安城西面南数第一门为章城门，之所以城门名章当与章台有关，由章城门向东有一东西大路横穿未央宫，在前殿南边经过，然后向南出西安门。前殿坐北朝南，罢朝后应从南出，然后走马章台街。

"完璧归赵"的故事就发生在章台。赵国有一宝玉和氏璧，秦王听说后，表示愿意用15座城池换取和氏璧。赵国在强大的秦国压力下不得不为，于是决定如果赵国能得到秦国的城邑，就将和氏璧留在秦国，反之则完璧归赵。蔺相如到秦国后，将和氏璧献奉上，秦王看后大喜，但是却全无换城给赵国之意。蔺相如看出了秦王的意思，便借口说玉璧上有一小瑕疵，于是拿回宝玉让秦王看。这时蔺相如表示如果秦王食言，就将脑袋与宝玉一起在柱子上撞碎。秦昭襄王无奈，只得划出15个城邑给赵。这时蔺相如提出要秦王斋戒五日后再郑重其事地交换。秦昭王只好答应。随后蔺相如便派随从偷偷从小道将玉璧带回赵国。到了举行交换仪式时，蔺相如才把暗送和氏璧回赵国之事告诉了秦王，从而保全了和氏璧的安全。

兴乐宫

这是秦在渭河南修建的宫殿群。《三辅黄图》云："兴乐宫，秦始皇造。汉修饰之，周回二十余里，汉太后常居之。"《三辅旧事》云："秦于渭南有兴乐宫，渭北有咸阳宫，秦昭王欲通二宫之间，造横桥，长三百八十步。"由此可以看出，当时的兴乐宫是秦始皇时期在渭河以南修建的重要宫殿，已具有相当的规模，成为皇帝经常临朝之处。既然如此，其建筑当富丽堂皇，之所以汉初从栎阳迁都至长安时能以兴乐宫为基础，就是因为这儿还有一定的基础在，因而只需要"修饰之"，便作为汉初的宫殿。

汉的长乐宫是秦兴乐宫基础上加以扩充修成的，现在汉长乐宫的地望已得以确认，说明秦时兴乐宫的地望当在今汉长安城内的东南方。

甘泉宫

秦的甘泉宫修建于何时史无记载，但至迟在宣太后时已经有甘泉宫了，秦宣太后曾诈杀义渠戎王于甘泉宫。嫪毐发动叛乱后，秦始皇曾把与嫪毐私通的母亲赵太后囚禁于棫阳宫中，后听从齐人茅焦的劝说，从雍把母亲接回来，《汉书·秦始皇列传》载："秦王乃迎太后于雍而入咸阳，复居甘泉宫。"《史记·吕不韦列传》又记载："秦王乃迎太后于雍，归复咸阳。"《史记集解》引徐广语："入南宫。"

从上所述宣太后和秦始皇母亲赵太后都在甘泉宫中居住，应在咸阳附近，绝不会放在距离咸阳太远的地方。因为宣太后当时握有实权，经常上朝处理国家大事，不可能离咸阳太远。昭襄王自己也讲："寡人宜以身受命久矣，会义渠之事急，寡人旦暮自请太后，今义渠之事已，寡人乃得受命。"（《史记》）这明确告诉我们，宣太后在诱杀义渠王之前，住在离咸阳不远的甘泉宫，所以昭襄王才早晚能与太后相见。甘泉宫和咸阳宫仅隔一条渭河，过横桥即是。

"南宫"是相对于渭河北的咸阳宫殿而言的，在长安城相家巷村新近出土的封泥中也有"南宫郎丞""南宫尚浴""南宫郎中"，都是南宫中的侍史，说明秦甘泉宫又名咸阳南宫是对的，与渭河以北的"北宫工丞""北宫宦丞""北宫私丞""北宫干丞"等相对应。

到秦始皇时曾扩建甘泉宫，"自极庙道通骊山，作甘泉前殿，筑甬道，自咸阳属之"（《史记》）。前殿是指宫殿群中最高级最高大的殿堂，如阿房宫前殿、汉未央宫前殿、汉建章宫前殿，至今都留下巨大的夯土台基，从而也说明了秦甘泉宫的规模是相当大的，当不亚于兴乐宫的建筑。秦二世时，李斯在甘泉宫求见二世时，"（二世）方作角抵优俳之观"（《史记》）。说明秦的甘泉宫中专门有供皇帝娱乐的场所。

秦甘泉宫到底位于渭南何处？在汉代桂宫遗址下，据考古调查，在汉桂宫文化层下，确实有秦的文化层。近多年在甘泉宫遗址附近一带发现了数千枚秦封泥，其内容大多是当时中央官府及王室的印章，从而可以说明这里原来就是秦王朝的重要办公处所，与渭河南的甘泉宫地址是相吻合的。也正由于是秦王朝的办公场所，才留下如此多的封泥。

阿房宫

其修建的时间开始于秦始皇时期。《史记·秦始皇本纪》云："始皇以为咸阳人多，先王之宫廷小……乃营作朝宫渭南上林苑中，先作前殿阿房，东西五百步，南北五十丈，上可以坐万人，下可以建五丈旗。"《三辅黄图》也云："阿房宫亦曰阿城，惠文王造，宫未成而亡，始皇广其宫规，恢三百余里，离宫别馆，弥山跨谷，辇道相属，阁道通骊山八十余里，表南山之颠以为阙，络樊川以为池。"到秦始皇死时，前殿工程还未竣工，由秦二世胡亥继续营建，但仍未完工。

前殿遗址的巨大夯土层仍在，在北至车张村，南至上堡子，东至皂河岸，西至纪杨村，这个约14平方千米的范围内，几乎到处都可以看到秦汉瓦片，据近年调查，地面上留有夯土台基的建筑遗址19处。其前殿遗址虽经两千多年的剥蚀，现仍为中国古代最大的夯土建筑台基。东西长1320米，南北宽420余米，台高8米，总面积约达60万平方米，是一个略呈长方形的大夯土台基。经过钻探，在遗址北边，有东西走向、宽约15米的凸起土梁，略似城墙残垣。1975年考古工作者曾在遗址上发现一个直径50厘米的凤纹巨型瓦当，可反映出此建筑的规模。同年在距前殿遗址约1000米的小苏村，出土了铜制的柱础门帖和户枢，可见建筑之豪华。在阿房村南附近，即从东边的聚驾庄、赵家堡直到西边的古城村，夯土逶迤不断，形成一长方形台地，被称为"郿坞岭"。前殿东北200米处，有一"北司"建筑遗址，发现大型石柱础，排列有序，达100多个，并有螺旋形环道遗迹。绳文瓦片上陶文有"北司""右宫""左宫"等小篆文字，这些陶文，应是宫名或宫室编号，由此可知阿房宫内之宫室是按天干编号的，可见其宫室之多。在阿房宫村正北高窑村发现了"高奴禾石铜权"。同时在前殿北约3000米的后围寨，村北有一三层高台建筑遗址，高达6米，出土有用花纹空心砖筑的踏步，衔接长达一二十米的下水道及排列有序的柱础石。近年来，中国社会科学院考古所与西安市考古所联合组队对阿房宫遗址进行了勘探和发掘，取得了不少的成果。

到底阿房宫的建筑情况如何，两千余年来，不时成为人们的议论话题。最著名的要算唐代杜牧的《阿房宫赋》："六王毕，四海一。蜀山兀，阿房出。覆压三百余里，隔离天日。骊山北构而西折，直走咸阳。二川溶溶，流入宫墙。五步一楼，十步一阁。廊腰缦回，檐牙高啄。各抱地势，钩心斗角。"这首脍炙人口的赋使历史上的阿房宫再一次引起人们的关注，也使阿房宫成为千古之谜，虽然是文学作品，不免有夸张的地方，但也可以作为研究的参考。

按照秦始皇的设想，要以阿房宫为中心，把咸阳及其周围三百里的离宫别馆用复道、阁道、甬道等连起来，构成一个规模空前的帝都。从秦始皇三十五年开始扩建，当时参与这项工程和修建秦始皇陵的人数共计达70万人，即使各占一半，也达35万人。尽管如此，到秦始皇死时，工程还未竣工。秦二世继承其父的事业，在前殿周围修了不少的宫殿建筑，留下了一些遗址。在阿房宫村南附近，有一座底部略呈三角形，周长约230米，高为15米的大夯土台基。实际上在此夯土基的东、北、西三面地下，也均是夯土，经钻探夯土台东西 400 米，南北 110 米，全用夯土筑成，被称为"始皇上天台"。在台东发现门址、甬道及台阶遗迹，发现柱础石、陶水管道、绳纹瓦、瓦当、几何纹方砖等。

信宫

《史记·秦始皇本纪》云："二十七年……焉作信宫渭南，已更名信宫为极庙，象天极。自极庙道通骊山。"又据《三辅黄图》云："信宫，亦曰咸阳宫，"其意为信宫的作用可以代替咸阳宫，是秦始皇将都城南移的具体动作之一。到秦始皇二十八年，改信宫为"太极庙"，说明信宫很短时间便改作极庙。所谓极庙，乃是一宫殿的宗庙，也叫宫庙。古人"宫""庙"界限不甚严格，宗庙也是从活人的宫室转化过来的。极庙象征天上的天极星座。天极星即北极星，是群星所拱的最为尊贵的星。

秦始皇之所以将信宫改为极庙，实质上正是采用邹衍的阴阳五行学说，而把天上的星座与地上的君臣相比附，为秦朝的中央集权制制造理论根据，以表现他"德高三皇，功过五帝"的功绩，把自己作为世俗皇帝在天宫的代表。

很明显信宫是秦始皇为自己修建的庙，是秦在渭南所修的诸庙之一。"今始皇为极庙，四海之内皆贡职，增牺牲，礼咸备，无以加"（《史记》）。秦始皇驾崩后，秦二世将极庙改为始皇庙。宗庙是有一定格局、一定规模的建筑，它与陵墓之间有密切的关系，因此才有"自极庙道通骊山"的记载，这里的骊山是指秦始皇陵。秦始皇陵原名"丽山"。既然信宫是作为始皇庙而修建的，为什么一开始不称"庙"而称"宫"呢？这是因为始皇帝正当英年，是讳言死事的一种称呼，和把其陵墓称作"丽山"一样。这在《汉书·景帝纪》中也能找到类似的例子，景帝四年三月，置德阳宫。《集解》引臣瓒曰："是景帝庙也，帝自作之，讳不言庙，故言宫。"

秦都咸阳是由庞大的建筑群组成的，是秦的政治、经济、文化、军事中心。其都城从战国时期延续到秦灭亡，特别是在秦统一天下后，咸阳作为帝都，又得到了很大的发展。

目前已探出的咸阳宫殿均建在高大的夯土台上，建筑都非常壮观雄伟。主体殿堂采用"四阿重屋"的方式，室内外装修华丽、富贵典雅。都城中设备应有尽有，既有供国王皇帝办公的朝宫及休息的寝宫、后妃居住的宫室等，又有沐浴的浴室，均设施精良。

都城咸阳的地下排水管道遍及城内外，且管道网络设计周到、合理。考古工作者目前已发现地下排水管道 29 处，多数分布在宫殿区周围。管道的设计根据地面上宫殿建筑排水量的多少而分别采用不同大小、数量不等的管道。如 1 号建筑基址周围分别安装有单管和双管并列两种管道，十三号遗址则出现四管道并列的情况，充分反映出当时都城中用水量是非常大的。

考古工作者还在咸阳的周围发现了不少秦手工业作坊遗址，秦咸阳的手工业行业有冶铜、铸铁、陶器和骨器制作等，绝大部分分布在秦咸阳宫的西部和西南部，即今长陵车站一带；在这里还发现了许多陶窑，附近有数以百计的水井和多处地下排水道，以及不少铜器、铁器窖藏。

咸阳的制陶窑址有一定的分布规律。《秦都咸阳古窑址调查与试掘简报》中报道了 90 座陶窑及以后新发现的 18 座秦陶窑，都集中分布在东西向的北坂原坡上，即现在的西起黄家沟、东至柏家嘴的地段内。其中 32 座秦陶窑主要分布在黄家沟东至胡家沟、聂家沟之间，以胡家沟东侧最为密集。

长陵车站、长兴村、滩毛村、店上村一带，是制陶窑址分布的另一个密集区，滩毛村南、渭河北岸的断崖上，暴露出两米左右厚的秦灰坑堆积。宫殿区西侧的陶窑，以烧制建筑材料的砖瓦、陶水管道为主。宫殿西南区的陶窑则以烧制碗、盆、罐等生活用品为主。

3. 法天象地——帝都咸阳的规划理念

都城的规划建造是当时意识形态的反映。秦都咸阳横跨战国晚期和秦代，这一时期是中国历史上的大变革时期，百家争鸣、百花齐放。秦在商鞅变法后采用的是以法家为主的实用主义思想，这种思想反映在其都城的设计上，对于传统的都城设计思想既有继承，但更多的是改革和变化，建立在功利主义的基础上，充分体现出对王权至高无上思想的崇尚。

从咸阳的布局和结构中可以看出，都城的设计体现了法家思想和"法天象地""天人合一"思想。法家思想主张实行中央集权制，国君是至高无上的，要树立统治者的权威。正像秦始皇统一天下后，实行中央集权制，认为自己"德兼三皇，功过五帝"，不可一世，除了实行一系列巩固中央集权制的措施，在都城建设上也表现了出来。突出地表现为"创新""尊严""博大"。

"创新"就是既要不同于过去的王城，也要有别于割据时期的诸侯国国都。在规划理念上，要求超越旧制、旧习的束缚，富于创新，以便把创新的传统精神推向更高层次的发展。

"尊严"是在规划气质上，要充分体现"履至尊而制六合"(《过秦论》)的君主专制权威的尊严，反映出千古一帝的庞大气势。

"博大"是要有广阔而坚实的基础，博大的胸怀和气质，足以表达空前大一统的声势。

"创新""尊严""博大"三者并不是孤立存在的。就秦都咸阳规划的整体而言，这三者是相互作用、相辅相成的有机统一。

制定壮丽、宏伟、威严、豪华的都城规划，远远超过西周时期丰、镐都城和战国时期六国的都城规划，象征着皇权的统治和对东方六国战争的胜利。秦都咸阳是对其他六国都城基础上的升华，以充分显示天下唯我独尊的气势和超越所有君王的魄力，以及作为专制皇帝的合理依据。《史记·秦始皇本纪》云："(二世说)且先帝起诸侯，兼天下，天下已定，外攘四夷以安边境，作宫室以章得意，而君观先帝功业有绪。"《汉书·高帝纪》也记载："天子以四海为家，非令壮丽无以重威，且无令后世有以加也。"阿房宫的营建，与秦始皇欲传之万世为君的皇权至上思想是一致的，借秦皇宫而达到威慑的目的，巩固皇权是秦咸阳都城营造思想的核心。

在中国古代传统的文化观念中，由于人们对天的了解不多，因而自然界的异常现象常常被认为是天在惩罚人类，天主宰着世间的人们的命运。天空也形成等级森严的王国，北极星、北斗星所处的拱极一带是天球众星环绕的中心；司马迁在《史记·天官书》中把它叫作"中宫"。其他则分属东、西、南、北四宫，整个天空被划分成为"三垣"和"二十八宿"。其中心区的北斗星座象征着人间的中枢地区及都城。"斗为帝车，运于中央，临制四乡。分阴阳，建四时，均五行，移节度，定诸纪"，主宰着大自然以及人间的一切事务。都城的设计者将传世文献中"斗为帝车"的思想应用到都城建设上，在咸阳城的规划中，把渭河比喻为天上银河，咸阳宫象征天极，并以其为中心，众多的宫殿环列周围，形成拱卫之势，构造成"为政以德，譬如北辰，居其所而众星共之"(《论语·为政》)的格局。在咸阳宫与阿房宫的相互关系上，明显地表现出"天人合一"的思想。"表南山之颠以为阙，为复道，自阿房渡渭，属之咸阳，以象天极，阁道绝汉抵营室也"。在这里，咸阳宫象征天极，也就是北极星，阿房宫象征营室宿，并通过阁道把二者连接起来。

把咸阳都城和天极观念结合起来营建，是为了显示王权至上和君权神授的思想，从其整个实施过程可看出具有上下对应关系。所谓对应关系，是指都城建筑物平面各点与天空中星象平面各点具有垂直的投影关系。以咸阳宫代表紫宫，紫宫即"紫微宫"，是天帝所居的宫室。古代星象学把天上的星象分为五大星区，称为五宫，即东宫、西宫、南宫、北宫、中宫。中宫在天空星宿的分布中属于居中位置。既然中宫星区是天上星宿的中心，当然也是主宰万物的天帝的居所，所以又称紫宫。而处于紫宫即中宫星区最中心位置的便是天极星，即北极星。显然北极星是位置最尊贵的星。《论语·为政》也提到："北辰（即北极星），居其所而众星共之。"北极星是太一常居处，是天帝的别名。天帝居北极星，是"天之枢也"。人间的皇帝是天子，即天帝的儿子。皇帝在人间的居所皇宫当然要和天帝的居所紫宫相应，于是历代帝王不惜一切财力、物力，大修其人间的紫宫即皇宫。从秦始皇的紫宫，到明清时的紫禁城，反映的都是这种思想。

以横桥代表阁道。横桥是为了连接咸阳都城渭河两边而修建的，"横桥南渡，以法牵牛"，织女要与牛郎见面通过鹊桥相会，以表示天上的星象。以阿房宫代表营室，"自阿房渡渭，属之咸阳，以象天极，阁道绝汉抵营室也"（《史记》）。天极即北极，是天帝所居星宿。横过天河的六星为阁道，通过天河的一星叫"营室"，其意为阿房宫像天帝所居的营室，天帝从天极出来，经过阁道，横渡天河而达于营室、紫宫，皇帝如天帝降临人间来统领万民，从而为其有效统治制造舆论。实际上秦始皇是把自己这个人间皇帝比作天帝。

从帝都咸阳的布局可以看出，秦始皇是用心良苦的。可惜最后选定的"天极"——阿房宫尚未完成，其改造意图未竟全功。所以不得不以咸阳宫权充作现实中的"天极"。以广阔京畿地区为规划基础，又与天体规划观念巧妙相结合，这是秦都咸阳规划结构的又一新发展。秦人又修建了甬道、复道、阁道、辇道等，将咸阳城周围二百里内 300 座宫观联成一个有机整体，摹拟天体星象，环卫在咸阳城外围，更加显示"天极"——咸阳宫的广阔基础，也突出了它的尊严。如果再结合以咸阳城为中心的全国水陆交通网络来观察，更令人感到这套规划结构的磅礴气势和君临天下的宏伟壮观，是秦始皇作为千古一帝的帝王性格的充分体现。

东方六国被灭后，秦始皇开始大兴土木，扩建帝都咸阳。首先，在渭河北岸的咸阳北坂上，兴建了仿六国宫室，"徙天下富豪于咸阳十二万户"；在渭南又兴建了诸庙、兴乐宫以及上林苑等。秦始皇后期，又在上林苑中开始兴建规模空前的宫殿——阿房宫，要求"覆压三百余里，隔离天日"。经过这样一番营建，咸阳成为一座气势恢宏的庞大都城。秦都咸阳的建筑布局，以渭河为纬向轴线，以咸阳宫、阿房宫为经向轴线，以两线交点横桥为中心向四周散布，形成了以咸阳宫和阿房宫为中心的都城区及向外扩展的京畿地区（即内史区）。正如《三辅黄图》记载的"北至九嵏、甘泉，南至鄠、杜，东至河，西至汧、渭之交，东西八百里，南北四百里，离宫别馆，相望联属。木衣绨绣，土被朱紫。宫人不移，乐不改悬，穷年忘归，犹不能遍"的大都城区设想。这种大都城设计理念在秦始皇看来并非虚妄，只要秦王朝的统治不是 15 年而快速灭亡，这样的大都城是一定可以建造成功的。

秦都咸阳横跨渭河南北两岸，以地势高亢之渭河南北区为主体，呈俯瞰全城之势。这种地理条件确有利于运用天体自然规划观念以展新姿，从而显示帝都之尊。

4. 大都无城——帝都咸阳没有外郭城

帝都咸阳有无外郭城一直争论不休。主张有之者认为战国时期的各国都城都有外郭城，同时仿咸阳而建的秦始皇陵也有外郭城，所以秦都咸阳应有外郭城。主张没有外郭城者认为根本无外郭城，其根据一是考古工作者迄今未发现外郭城遗迹；二是秦都咸阳从秦孝公十二年开始建设起，一直在不断扩大之中，因此不可能用外郭城来限制城的发展。笔者认为咸阳是无外郭城的。其理由如下：

首先，古人筑城郭的目的是防卫。"筑城以卫君，造郭以守民。"《吴越春秋》中的这句话很明确指出修筑城郭的目的和意义。春秋战国时期各国竞相筑造城郭正是为了卫君守民。这在战国时期其他诸侯国中表现得很明显。而在帝都咸阳则不是这样，帝都咸阳虽经考古工作者的苦心钻探，至今仍未发现外郭城。之所以如此，是因为秦人是一支勇敢善战的民族，统治者从秦襄公建国开始，一直把对外扩展领土作为主要任务，正因为如此，秦人才不断向东发展，都城也不断向东迁徙。因此秦人没有筑外郭城这种防御型思维方式，特别是秦穆公独霸西戎以后，秦孝公改革强大，秦始皇进行统一战争，秦人总是在不断扩大自己的领土，而不是高筑墙，这正是秦民族的勇往直前、不畏艰险的精神所决定的，故而不需要筑外郭城用来防守。秦早期的都城甚至连宫城都没有，只是修建一两个宫殿用于国君居住而已。关于这一特征还可以从秦人把墓葬建在城外看得出来，战国时期不少国家害怕战争引起敌方杀掳抢掠先人的墓葬，便把墓葬修在城内，而秦人一直把陵墓修在城外，雍城的陵墓在城南，栎阳在城东北，咸阳在城西北、城东南，这并不是秦人不怕列国掠夺和抢劫，而是由秦人的特性决定的。

其次，帝都咸阳所在优越的地理位置使秦没有必要修建外郭城，因为帝都咸阳位于关中地区，东有函谷关、黄河天险，东南有武关，西有散关，南有秦岭，北有北部山系，形势险要，易守难攻。这样的地理环境使秦人在春秋战国时期很少受到其他诸侯国的侵入，特别是秦占领整个关中地区后，凭借着优越的地理形势，秦始终处于攻势。关于这一点，历代多有人为其点赞，苏秦指出："秦四塞之国，被山带渭，东有关河，西有汉中。"《史记·刺客列传》中也称："北有甘泉、谷口之固，南有泾、渭之沃，擅巴汉之饶，右陇蜀之山，左关崤之险。"

最后，从秦都城的整个营建过程来看，也不可能修外郭城。秦人建都城是先修宫殿，而后再筑宫墙，从史书中的"居西垂宫""居平阳封宫""居雍大郑宫"等记载都可以看出这一特征。雍城在秦德公时已作为都城，但到怀公时才"城雍"，即修建城墙。帝都咸阳的修建可以说是随着秦国力不断增强而扩大的，都城已扩展到渭河南北两岸，且愈来愈大。到秦始皇时营建阿房宫，其原因就是因为咸阳人多，先王的宫廷小。秦国在商鞅变法以后，国力不断增强，在与诸侯国的战争中处于越来越有利的形势。之所以会出现山东六国合纵抗秦的形势，与秦国力的不断强大有密切关系，秦的强大对山东六国形成巨大的压力，于是山东六国遂联合起来共同对付秦国，但由于种种原因，仍然不是秦的对手，一个个被分化瓦解、征服。随着秦在战争中立于不败之地，修建作为"卫君守民"的外郭城已失去了意义。

而且随着秦国力的强大，秦都咸阳也无限制地扩大，形成"咸阳北至九嵕、甘泉，南至户、杜，东至河（黄河），西至汧渭之交，东西八百里，南北四百里，离宫别馆，相望联属"的庞大规模，因此提出要"表河（黄河）以为秦东门，表汧（汧河）以为秦西门，表中外殿观百四十五，后宫列女万余人，气上冲于天"。实质上是要把整个关中地区作为其都城。这也是秦在关中修建众多离宫别馆的原因所在。如此大规模的都城，根本无法修筑外郭城。

秦国在战国后期战争中的不断胜利，也使秦人不必修建外郭城，因为修外郭城目的是防御外敌入侵都城，山东六国竞相修筑外郭城，是由于它们之间不断进行战争，谁也无法保证自己在战争中立于不败之地，而秦国在战国后期具有战无不胜的辉煌历程。因此不断征服诸侯各国、统一天下便成为秦人的奋斗目标，而修建外郭城已无足轻重了。如果真正要说秦都咸阳有外郭城的话，则是秦人以自然山川险阻为其外郭城，即东边的黄河，西边的陇山，南边的秦岭，北边的北山等。

在这里我们需要澄清史籍中关于秦咸阳城门的若干记载。《史记·滑稽列传》中有"二世立，又欲漆其城"；《七国考》卷十三有"昭襄王二十七年，地震坏城"；《史记·白起列传》有"武安君既行，出咸阳西门十里，至杜邮，引剑将自刭"；《史记·项羽本纪》有"章邯恐，使长史欣请事，至咸阳，留司马门三日"；《史记·绛侯周勃世家》记载有"棘门"。这些门均为秦都咸阳的宫城门或者宫殿门，并非外郭城城门。《史记》中的"欲漆其城"和"地震坏城"是指宫城而言，秦咸阳的宫城已被考古工作者揭示出来，"宫城呈长方形，其中北垣长 843 米，西垣长 576 米，南垣长 902 米，墙厚约 4.6 米，夯土墙基本上构成一个东西长方形的城"。（陕西省考古研究所《秦都咸阳考古报告》，科学出版社 2004 年版）考古工作者为了弄清夯土墙基的时代，在北墙中段进行了试掘，墙基系在秦文化层之中，其中夹有较多战国时期板瓦、筒瓦残片和少量战国时期的瓦帚、釜、盆、罐等陶器残片，根据以上遗迹遗物判断此墙基为战国时代所修筑。这个长方形的夯土墙基以内分布有 8 处秦宫殿建筑遗址，从已发掘的 3 处秦宫殿建筑遗址的地望、规模、布局和建筑工艺来看，它们无疑是秦宫中的重要建筑物。宫城的发现也说明当时"欲漆之城"和"地震坏城"均是指宫城而言。

至于"出咸阳西门十里，至杜邮"的记载，只要弄清了杜邮的地望，西门所在便迎刃而解。杜邮的具体地望，《咸阳县志》卷一川原条云："（渭水）又东有漆河亦来入，又东即杜邮亭，汉西渭桥在焉，亭东五六里即故渭城，又东十五里过窑店。"渭水南岸的漆渠河今仍在，位于沙岭村东约 500 米，于航校农场以西 750 米处入渭，与此南北相对的渭北岸为石家堡，其东邻摆旗寨，因而杜邮亭大约在摆旗寨附近。《括地志》云："今咸阳县，古之杜邮，白起死处。"《史记索隐》按："杜邮，今在咸阳城中。"这均为唐人的著述，因而只要找出唐咸阳城所在即找到了杜邮。唐代咸阳城，北距汉义陵八里，西北距渭陵七里，西北距康陵九里，西北距延陵十三里。（李吉甫《元和郡县图志》，中华书局 1983 年版）根据以上记载，唐咸阳县城应该位于今咸阳市渭城区渭城乡三姓庄附近，在三姓庄西有当地人所谓的白起墓，从另一侧面证明了杜邮亭的所在。由三姓庄往东十里（汉里），即 4700 余米，差不多就是宫城的西垣，因此，西门应为宫城的门。

司马门即宫殿之门，《史记集解》曰："凡言司马者，宫垣之内，兵卫所在，四面皆有司马，主武事，总言之，外门为司马门也。"很明显，司马门指宫廷之外门。棘门，《史记正义》引孟康云："秦时宫门也。"关于棘门地望，《长安志》卷十三云："（咸阳县）东北十八里。"《长安志》是北宋宋敏求的作品，当时一里折合今 545 米，唐宋咸阳城在今渭城区摆旗寨附近，那么其"东北十八里"，当在今咸阳市窑店的牛羊村与姬家道之间，因而应是宫门，而非郭门。

从以上史书中所记载的各门可以明显看出都是宫城之门而非外郭城之门，假如当时有外郭城的话，就不大可能会发生秦惠文王和昭王时两次"狼入咸阳市"和秦始皇"逢盗兰池"的记载了。

近年来，国家加大了对秦都咸阳大遗址的保护与考古勘探工作，秦咸阳渭河以北地区新一轮的考古工作拉开序幕，一步步踏查、一片片勘探，一件件遗物，一处处遗迹，述说着帝国辉煌的事实。考古工作者在秦咸阳城北区自东向西探查，在海拔 420 米以南区域，核实有夯土建筑 47 处。在紧接"咸阳宫"城区的西部，发现了大规模建筑遗址，总数计 14 座。这些遗迹大都无城墙遗迹，但大都有边界痕迹，目前已经发现存在一条东西长近 3000 米的沟的痕迹，其东西高差与汉代成国渠走向近似。同时考古工作者还累计发现了 3 条南北向道路和一条东西走向的道路，这些道路宽都在 50 米以上，这些道路构成了秦咸阳城北宫区三纵一横路网框架。2016 年以来，一组大型国家府库建筑也被考古专家们找到了，发现的这个建筑基址的墙体厚达 3 米左右，总长 110 米，宽 19.5 米，最令人振奋的是出土了成批的编磬残片，其中数十件刻有文字，包括"北宫乐府"字样，展示了秦代乐府"金声玉振"的规模。这座建筑少门，没有建筑木材的残块，没有易燃和可再生利用的物品，还有两个大房间内空空如也，应该是一组大型国家府库建筑，或许还是存放编组石磬等礼乐物品的皇家仓库。从建筑基址上的土块有被烧过的痕迹这一点来看，这座建筑可能毁于大火，石磬残碎严重，散落区域极广，应该也是出于人为破坏。大量本来还可以使用的骨坯遭到废弃，说明这里曾遭遇过一场突然的变故。

5. 满天星斗——帝都咸阳的离宫别馆

　　帝都咸阳附近的离宫别馆是都城建设的一部分，是为了帝王行幸、狩猎而建的。修建离宫别馆并非秦的创造，早在商纣王时，据《史记正义》引《竹书纪年》云："自盘庚徙殷至纣之灭二百五十三年，更不徙都，纣时稍大其邑，南距朝歌，北据邯郸及沙丘，皆为离宫别馆。"秦的离宫别馆大多集中在离都城较近的关中地区，当时关中地区有离宫三百，众多的离宫别馆犹如满天星斗撒落在关中平原上。据《史记正义》引《庙记》云："北至九嵕甘泉，南到长杨五柞，东到河，西至汧渭之交，东西八百里，离宫别馆相望属也。木衣绨绣，土被朱紫，宫人不徙，穷年忘归，犹不能遍也。"可见其规模之浩大。

　　秦在咸阳附近的离宫别馆，由于秦末项羽入关后大肆烧掠和两千多年的风雨剥蚀，不仅地面建筑尽成废墟，而且有很多连位置也不能确指。近年来，考古工作者在帝都咸阳周围发现了一些秦的离宫别馆遗址。

步寿宫

　　位于渭南市临渭区崇凝乡靳尚村，遗址范围东西长 600 米，南北宽约 300 米。中心是两座东西并列的主体建筑基址，均建于平整的台地上。在其南面和西面环以深沟。基址断面的夯土层非常清晰，规整密实，显示了秦建筑的标准形制，在夯土层断面和附近地面发现了大批秦的建筑材料，其中有龙凤纹空心砖、几何纹方砖、云纹方砖等。

步高宫

　　位于今渭南市临渭区南的阳郭镇张胡村东北一带。考古工作者在这里发现了大片夯土台基和秦建筑材料，有筒瓦、板瓦、云纹砖、云纹瓦当等，同时在此处还发现了一段高出地面的夯土墙垣，在当地秦建筑材料砖瓦俯拾皆是，是一处相当大的秦宫殿建筑遗址。

骊山宫

　　骊山自古及今都以它雅秀的山峰及山下著名的温泉驰名天下。这里苍柏翠松、花卉遍野，自然景观异常优美，周幽王时就曾在此建离宫，并修建烽火台，历史上著名的"褒姒一笑失天下"的故事便发生在这里。这里离秦都咸阳很近，因而秦始皇时期也这里筑离宫——骊山汤。

　　秦"骊山宫"已荡然无存了。近年来考古工作者在发掘华清池内唐御汤遗址时，在唐文化层下发现有地层很厚的黑褐色文化层，内含大量粗细绳纹秦汉板瓦、筒瓦和细绳纹条砖、小方格纹方砖及房屋塌塌的檀条，出土的秦汉檀条共 7 根，粗细匀称，排列有序，长 4.3 米，直径 25 厘米左右。其木质保存完好，卯榫清晰可见。同时还发现有用鹅卵石和砖铺的路面遗存、秦五角形水道和直径 30 多厘米的秦圆形绳纹水管，以及用不规则石砌成长约 50 米的水道。瓦片上有陶文"骊"字及其他大量的秦汉建筑材料。事实证明了秦始皇时期这里已有离宫存在。

芷阳宫

位于西安市临潼区韩峪乡油王村一带。考古工作者在村南发现古建筑遗址一座，发现一个陶罐，底上有阴文模印"芷"字，同时在此还发现四枚秦半两钱及一个半两钱铜范，证明此地是具有铸币权的官府所在；还发现 10 多枚动物纹、植物纹、云纹瓦当，是典型的战国时期秦宫殿图像瓦当，说明这个建筑物当为秦的离宫芷阳宫宫址。这座宫殿修建于秦穆公时期，为了表彰他独霸西戎的功绩，将滋水改为霸水，并在其旁筑霸宫。秦昭王时，对宫殿做了扩充，并改名为芷阳宫。

宜春宫

位于大雁塔东南的曲江一带，秦二世胡亥墓即在这里。"葬二世宜春苑中"。宜春苑是在秦宜春宫基础上营建的。当司马相如陪汉武帝游玩打猎路过此地时，曾作《哀秦二世赋》："登陂陁之长坂兮，坌入曾宫之嵯峨，临曲江之隐州兮，望南山之参差。"可以看出，此宫当时高低错落，属高台楼阁建筑，气势壮观。

茀阳宫

秦惠文王建，位于西安市鄠邑区西南的曹村，在此发现元代延祐六年（1319）立的《创建崇真观碑》，碑文中写道："秦之茀（fū）阳宫故址在焉，信夫天壤间自昔为佳处也。"这应该是关于茀阳宫所在地的确切记载。2002 年，又在此发现秦汉瓦当残片 3 件，其中秦汉云纹瓦残片 2 件，文字瓦当残片 1 件。

长杨宫

秦昭王时修建，位于西安市周至县。《三辅黄图》载："长杨宫在盩厔（今周至）县东南三十里，本秦旧宫，至汉修饰之以备行幸。宫中有垂杨数亩，因为宫名，门曰射熊观，秦汉游猎之所。"在周至终南镇东南 3000 米的竹园头村，村南有地名疙瘩顶，原有高达 3 米的大型夯土台基，发现大量秦汉宫殿建筑材料，有云纹瓦当、绳纹板瓦等。射熊馆是长杨宫门上的楼台建筑，"馆"与"观"秦汉时通用，观即门阙，所以射熊馆（观）当与长杨宫位于一处，因秦时国王皇帝常登上射熊，故名。此宫秦末幸免于难，汉时沿用。这里地形复杂，是理想的狩猎游玩之处，因而秦时国君、皇帝常来此游猎，是秦离宫中建筑比较辉煌的一个。

成山宫

位于宝鸡眉县城西 8000 米的第五村。南临巍巍太白山，北依渭水，遗址中心区面积 30 万平方米，文化层堆积最厚处达 2 米。考古工作者在部分地段发现有 1 至 2 米的夯土遗迹和用鹅卵石铺成的散水遗迹。遗迹中出土的遗物主要有板瓦、筒瓦、瓦当、空心砖、条形砖、铺地砖、半两钱等秦汉遗物，瓦当有素面瓦当、夔凤纹半圆瓦当等。在遗址发现带有"成山"字样的瓦当 10 余件，有直径达 74 厘米的夔纹瓦当。

这种纹饰瓦当是典型的秦代文物，在秦始皇陵、兴平秦黄山宫、辽宁绥中秦碣石宫等地也有出土。

林光宫

秦二世时修建。其遗址在今淳化县西北约 25 千米的甘泉山，宫在甘泉山南坡，从林光宫沿漫坡北行就是通往子午岭的直道。这里地理位置重要，山水俱佳，夏天气候凉爽，是理想的避暑之地，也是保卫帝都咸阳、防御北方入侵的关键所在。汉甘泉宫便是在林光宫基础上营建的。

梁山宫

秦始皇时修建的离宫，因位于陕西乾县梁山脚下而得名。此宫因修于梁山下，又名望山宫。同时因宫城用"文石"砌筑，又名"织锦城"，反映出此宫当时的建造是十分华丽的。这里环境优美、山形水胜，夏天又是避暑的好地方。梁山宫还发生过一件意义非同寻常的事情。《史记·秦始皇本纪》载："(三十五年)，始皇帝幸梁山宫，从山上见丞相车骑众，弗善也。中人或告丞相，丞相后损车骑。始皇怒曰：'此中人泄吾语。'案问莫服，当是时，诏捕诸时在旁者，皆杀之。"秦始皇正是在梁山宫小住之时，偶然看见了排场很大的丞相车骑，很生气。丞相获知此事后，自然战战兢兢再不敢造次，而事后始皇帝杀掉所有可能泄露当时情形给丞相的人。可见在秦始皇眼里丞相车骑的多少直接关系到皇权的地位，绝对不能允许丞相的权势可能会威胁到皇帝的至尊地位。

在乾县西郊的鳌盖秦宫遗址处，发现了数块压印有篆体"梁宫"二字的秦代筒瓦和板瓦以及云纹瓦当、回形纹铺地砖和散水石、文石等建筑材料。这处遗址东西长约 1000 米，南北宽约 600 米，总面积达 60 万平方米，处在一个较宽阔的龟背形缓坡台地上，北面正好对着乾陵。

高泉宫

《汉书·地理志》云："美阳有高泉宫，秦宣太后起。"宫在今陕西扶风县东北 10 千米左右的法门镇，城因美水之阳而得名，遗址至今犹存。

棫阳宫

《三辅黄图》载："棫阳宫，秦昭王所作。"秦王政曾软禁其母于此宫。遗址在今凤翔县城南的东社、南古城及史家河这一带。有人曾在此捡到云纹瓦当，上有一"棫"字，应是棫阳宫的残当，1982 年，又在凤翔县南东社遗址采集到一个完整无缺的"棫阳"云纹宫当，同时还发现战国斗兽纹、树纹云纹瓦当等。

橐泉宫

秦孝公建造，其位置据《汉书·刘向传》云："秦穆公葬于雍橐泉宫祈年馆(观)下。"说明橐泉宫与祈年观距离不远。而据马振智先生考察，祈年宫在今凤翔县长青乡孙家南头堡子壕。考古工作者还在祈年宫遗址附近发现一古泉，水质甘美，四季常涌，宫因此而得名。此宫汉时经过修葺沿用，后世发现的橐泉宫当，当为此宫之物，还在此设橐泉厩，以养马匹。

蕲年宫与年宫

蕲年宫又叫蕲年馆(观)，蕲即祈，即祈祷丰收之年。秦王政的加冕礼能在此举行，说明此宫的重要。考古工作者在雍城西南 15 余千米处的千河东岸的凤翔县长青乡孙家南头堡子壕发现了"蕲年宫当"，这是一处秦汉时期的建筑遗址，面积达 2 万平方米。遗址中出土大量文字瓦当，有橐泉宫当、蕲年宫当、来谷、竹泉等四类五种，动物纹有双獾、鹿、朱雀等，植物及图案有花纹、葵纹、云纹等，另有空心砖、板瓦、筒瓦等物。从出土的文字瓦当来看，此地到汉代时不只蕲年、橐泉两宫殿，还有来谷宫、竹泉宫。蕲年、来谷宫瓦当的出土证明是祭祀性质的宫殿。显然这是秦的离宫，西汉修葺沿用。

羽阳宫

秦武王修建。凤翔县长青乡马道口行政村在 1973 年 11 月平整土地时发现 4 件铜器，其中有"羽阳宫"鼎，上有铭文："（雍）羽阳宫鼎容一斗二升，重六斤七两，名册（四十）九，今千共厨。"由此可见它确是羽阳宫中所用之鼎。《新编秦汉瓦当图录》中有"羽阳临渭"瓦当一品，"羽阳"瓦当的发现可表明其宫殿所在，而作为青铜器出现的羽阳宫鼎可能是羽阳宫的铜器。

虢宫

宣太后修建。具体位置当在今宝鸡市陈仓区的虢（guó）镇。

有遗址而佚名的宫殿

秦离宫别馆达数百个，但留下宫名的不是很多，因而有许多现在发现的宫殿遗址，不知其秦时何名，下面就是一些有遗址而佚名的宫殿：

长安秦宫殿遗址

位于陕西长安县东马坊沣河西岸，东距沣河 1000 多米。遗址中发现了大量的建筑构件，有板瓦、筒瓦、瓦当、圆形陶水管、方砖、空心砖及生活用具等。从这一遗址建筑物件的形式、花纹等来看，属战国晚期的建筑，是秦渭河以南所建宫馆之一，秦朝末年被焚毁。

渭河北岸秦宫殿群遗址

这是文物工作者进行文物普查时发现的。距咸阳故城 15 千米的兴平县田阜乡侯村就建在一规模巨大的秦汉宫殿遗址上，在这里发现过一件直径达 70 多厘米的大瓦当，可见建筑之恢宏。后文物工作者沿渭河向西勘探调查，发现每隔 7.5 至 10 千米便有一宫殿遗址区，共发现 6 处，连接兴平、武功、杨凌两县一区。分别距渭水 1000 至 2500 米，这是秦时由咸阳去雍城进行宗庙祭祀的必经之地。文物工作者认为新发现的 6 处行宫遗址区属于秦汉皇帝行宫。

凤翔凹里秦宫殿遗址

1986 年，考古工作者在东距雍城 20 千米的横水乡凹里村发现一处秦汉遗址。现存遗址西北一隅，面积约 650 平方米，遗址中除了发现夯土基址和一条南北约 200 米的地下排水管道，还出土有鱼鸟、双獾、云纹等战国秦瓦当和"长生无极""大宜囗子"、云纹等大量秦汉瓦当。

澄城良周秦宫殿遗址

位于澄城县王庄镇良周村西北。遗址总面积约80万平方米，其中宫殿密集区约20万平方米，遗址东、西、北各有一条沟，推断是护城壕，沟边土层下还发现了古代驿站道路面。遗址内遗物非常丰富，考古工作者发现和采集的有瓦当、空心砖、板瓦、筒瓦等，其中文字瓦当有"宫"字瓦当、"与天无极"瓦当、"千秋万岁"瓦当等，另外还发现有大型玉璧纹空心砖和几何纹空心砖等。

三原新兴秦宫殿遗址

位于咸阳三原县新兴镇惠家，面积达40万平方米。考古工作者发现大型几何纹空心砖、方砖、瓦当等，规格很高，其中有的瓦当形式还是首次发现。

周至西峪宫殿遗址

位于西安市周至县竹峪乡西峪村村东的台地上，遗址南北长约500米，东西长约400米，散落有大量的绳纹板瓦、筒瓦和少量的麻点纹筒瓦，考古工作者在一些地方还发现有少数排水管道的残片、几何纹铺地砖及底部有圆球形装饰的铺地砖残片。

千阳冯家堡宫殿遗址

于宝鸡千阳县冯家堡村，考古工作者在此处发现两座大型夯土建筑基址，是一处始建于战国晚期的秦的离宫别馆遗址，沿用至西汉中期。遗址出土了大量战国至秦汉时期的瓦当、板瓦、筒瓦、空心砖等建筑材料，为研究战国秦汉时期建筑提供了新资料。这一遗址位于古汧水道上，应是位于关陇交通要道的一处兼具驿站或军事功能的离宫别馆建筑。

当时秦在秦皇岛和辽宁绥中海边多建有离宫别馆，也被考古发掘所证实，是秦始皇在海边巡游、求长生不老药时修建的。

秦的离宫别馆规模都很大，气势雄伟壮观。之所以会有如此多的离宫别馆，一方面是由于秦始皇在统一全国后追求奢侈享受；另一方面是由于秦始皇追求长生不老，欲做"真人"，而"真人"则要"居宫毋令人知"，这样，秦始皇就要修许多离宫别馆，便于他来往穿梭于各个宫殿之间。为了保密，在关中的众多离宫别馆之间，还修了阁道、复道、甬道、辇道。"令咸阳之旁二百里内，宫观二百七十，复道甬道相连，帷帐钟鼓美人充之，各按署不移徙。"（《史记》）

如果从都城的角度来看，先秦时期由于国家的面积不大，所以离宫别馆少，秦统一后，由于统治范围的扩大，统治者便要到全国各地巡幸，以维护其统治，这样便需要在全国各地建许多行宫，众多的离宫别馆的兴修，应该是秦始皇开其端，后来的汉及其他朝代均沿袭这种建筑，在全国为皇帝建众多的离宫别馆。

秦的离宫别馆为数众多，据《史记·秦始皇本纪》记载："关中计宫三百，关外有四百余……咸阳之旁二百里内宫观二百七十"，这些离宫别馆与帝都咸阳的关系至为密切。其中许多遗址至今还没有发现，近些年，随着全国性的文物普查和基本建设的进行，一些遗址才得以揭示出来。

秦的离宫别馆和秦宫殿一样，也都建在高大的夯土台上，雄伟壮观，建筑结构等都同都城中宫殿一样。

西汉时期的离宫别馆，多是"秦宫汉葺"，也就是秦的宫殿到汉代经过修葺、继续沿袭使用。

铜鼎

秦遗址采集
咸阳博物馆藏

彩绘盒

年代：秦（前 221 — 前 206）

西北大学博物馆藏

铜镐

年代：战国（前475—前221）
陕西历史博物馆藏

铁铧冠

年代：秦（前221—前206）
西安市临潼区秦始皇陵园出土
陕西历史博物馆藏

铜勺

年代：秦（前 221—前 206）

武功县出土

陕西历史博物馆藏

咸阳宫一号遗址复原立面图

引自杨鸿勋《宫殿考古通论》，紫禁城出版社 2009 年版

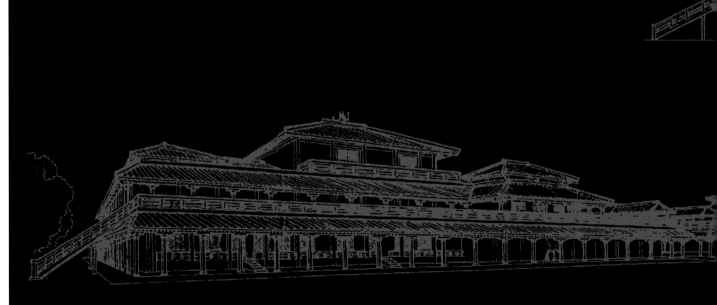

咸阳宫一号宫殿遗址复原总体南立面图及透视图

引自杨鸿勋《宫殿考古通论》，紫禁城出版社 2009 年版

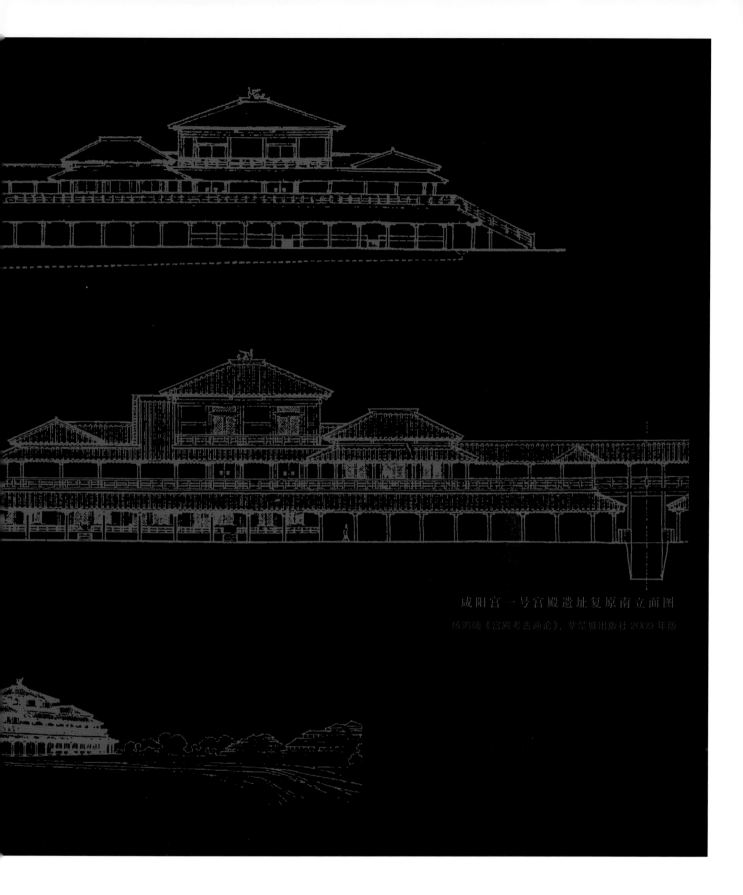

咸阳宫一号宫殿遗址复原南立面图

杨鸿勋《宫殿考古通论》，紫禁城出版社 2009 年版

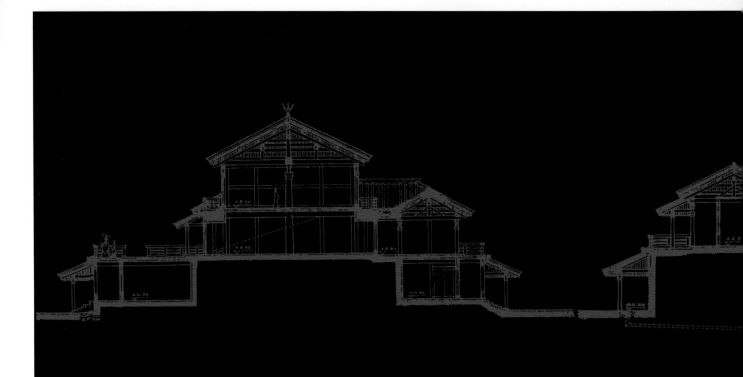

咸阳宫一号宫殿遗址复原剖面图

引自杨鸿勋《宫殿考古通论》，紫禁城出版社 2009 年版

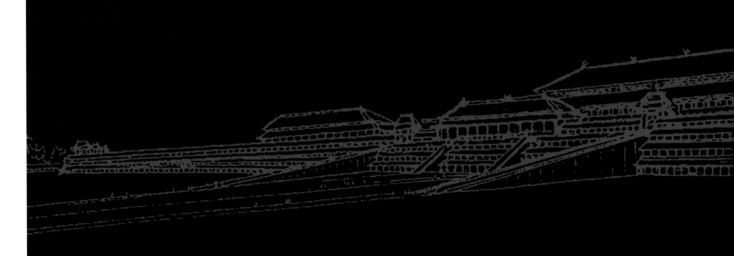

阿房宫复原设想图

引自杨鸿勋《宫殿考古通论》，紫禁城出版社 2009 年版

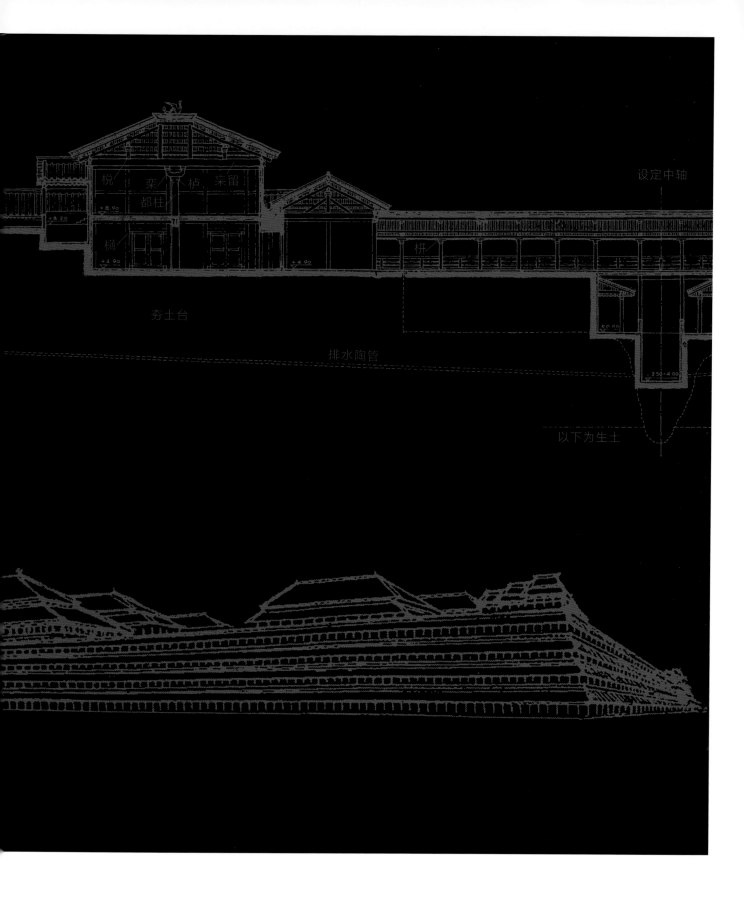

设定中轴

梲 栾 枅 枓 留
都柱

+8.90

+8.20

橝
+4.90

+4.90

枅

夯土台

+0.00

排水陶管

3.50~4.00

以下为生土

秦咸阳宫一号宫殿遗址

帝都咸阳天象示意图

引自徐卫民《秦汉都城研究》，三秦出版社 2012 年版

树枝双兽纹半瓦当

年代：秦（前 221 — 前 206）
秦咸阳一号宫殿遗址出土
咸阳博物馆藏

龟鹿雁马纹瓦当

秦咸阳宫遗址出土
咸阳博物馆藏

陶罐

年代：秦（前 221 — 前 206）

秦咸阳宫遗址博物馆藏

"浆膚"陶罐

年代：秦（前 221 — 前 206）

安康市出土

陕西历史博物馆藏

龙绕玉璧空心砖

年代：战国—秦（前 475 — 前 206）

秦咸阳宫遗址出土

秦咸阳宫遗址博物馆藏

几何纹铺地方砖

年代：秦（前 221 — 前 206）

秦咸阳宫遗址出土

秦咸阳宫遗址博物馆藏

茧形壶

年代：战国 — 秦（前 475 — 前 206）
咸阳窑店镇出土
秦咸阳宫遗址博物馆藏

陶水管道

年代：战国 — 秦（前 475 — 前 206）
秦咸阳宫遗址出土
秦咸阳宫遗址博物馆藏

铜铺首

年代：战国—秦（前 475 — 前 206）
秦咸阳一号宫殿遗址出土
咸阳博物馆藏

墙皮

年代：战国—秦（前 475 — 前 206）
秦咸阳一号宫殿遗址出土
咸阳博物馆藏

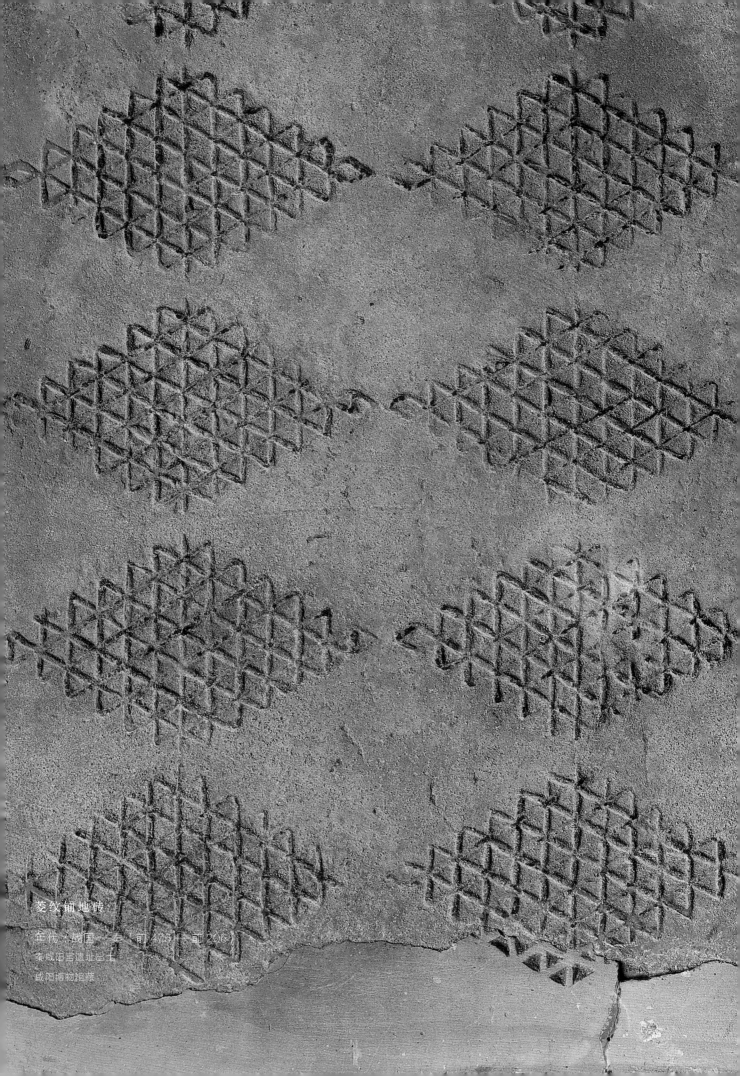

菱纹铺地砖

年代：战国—秦（前475—前206）
秦咸阳宫遗址出土
咸阳博物馆捐藏

涡纹瓦当

年代：秦（前 221 — 前 206）

秦咸阳宫遗址出土

秦咸阳宫遗址博物馆藏

云纹瓦当

年代：秦（前 221 — 前 206）

秦咸阳宫遗址出土

秦咸阳宫遗址博物馆藏

云纹瓦当

年代：秦（前 221 — 前 206）

咸阳窑店镇出土

秦咸阳宫遗址博物馆藏

云鹤纹瓦当

年代：战国（前 475 — 前 221）

陕西历史博物馆藏

豹纹瓦当

年代：战国（前 475 — 前 221）

西安市北郊徐家湾出土

陕西历史博物馆藏

方格纹方砖

年代：秦（前 221 — 前 206）

咸阳市窑店镇出土

陕西历史博物馆藏

井圈

年代：秦（前 221 — 前 206）

西安博物院藏

宮殿壁画残块

年代：战国— 秦（前 475 — 前 206）

秦咸阳宫遗址出土

秦咸阳宫遗址博物馆藏

长矩形铜建筑构件

年代：秦（前 221 — 前 206）
咸阳市渭城区出土
陕西历史博物馆藏

方矩形铜建筑构件

年代：秦（前 221 — 前 206）
咸阳市渭城区出土
陕西历史博物馆藏

圆筒形铜建筑构件

年代：秦（前 221 — 前 206）

西安市长安区出土

陕西历史博物馆藏

铜壶

年代：秦（前 221 — 前 206）

秦咸阳宫遗址博物馆藏

五

帝都历史风云

开创历史的秦人

秦国从立国到嬴政执政，经过了 600 多年的奋斗历程，一共有 30 多位君王。秦人由游牧部族到定居，又从西垂边地起家，一步步东进关中，从中原诸侯看不起的蛮弱小国发展为可与晋、齐、楚相匹敌的大国，可谓筚路蓝缕，创业维艰。而嬴政登上王位，入主咸阳宫，更是使咸阳走上了最为辉煌的一段历史路程。

1. 帝都咸阳的帝王将相

曾经造就了大秦帝国的秦都咸阳，不仅成就了中国第一位皇帝秦始皇，还有秦孝公、惠文王、武王、昭襄王、宣太后、吕不韦、李斯等著名的政治人物，发生了许许多多脍炙人口的故事，改变了秦国的命运走向，乃至中国的历史进程。

强势宣太后 —— 最早的垂帘听政者

宣太后是秦国历史上举足轻重的一位太后，也是中国历史上最早被称为太后的，她对秦的历史发展是有贡献的。她本是楚国人，芈姓，后来成为秦惠文王的妃子，历史上习惯把宣太后称为芈八子。公元前 307 年，秦武王因意气用事，举鼎绝膑而亡。武王无子，惠文后欲立自己的次子公子壮，宣太后欲立自己的次子公子市，结果在赵国的干预以及内部争斗中，多方妥协迎立在燕国为质的公子稷，即昭襄王（又称秦昭王）。但秦国的大权掌握在宣太后手中，她垂帘听政 30 多年，在她主政期间，秦国在对外战争中取得了主动权，特别是对义渠的战争。

义渠长期以来和秦国关系紧张，而且对秦国的西北边疆造成了极大的影响，几代秦王都没能解除这一大患。宣太后为了灭义渠，不惜施用色相与义渠王私通，然后趁其不备，杀义渠王于甘泉宫中，并乘其国内混乱之机，发兵进攻义渠，彻底灭掉了义渠。秦国在义渠旧地建立了行政区域，设置北地郡，从而解除了秦东面以制诸侯的后顾之忧。

宣太后之所以能在秦国长期垂帘听政，主要是因为她具有过人的政治才能和特殊的身份。在昭王逐渐成熟、能够独立执政的时候，宣太后就淡出政坛，还政于昭王。

秦国执政时间最长的国君——昭襄王

秦昭襄王执政时间长达 56 年，在秦的发展史上起了重要的作用，不论是在军事上，还是治理国家、外交手段等方面，秦昭襄王都是秦国历史上少有的君主。

秦国经过秦孝公时期的改革，惠文王、武王时期的发展，不仅完全占有关中和陕北部分地区，还灭了巴蜀，占领楚的汉中，在东方也攻占了一些战略要地，势力已真正发展到中原。到了昭王时代初期，秦的国力与齐、楚这战国两强相差无几，军事实力与赵并驾齐驱。

昭王时代的最显著特征，是不仅揭开了战略上大举反攻的序幕，而且取得了决定性胜利。战国时期各国间矛盾错综复杂，尔虞我诈，因此要取得战争的胜利，必须巧妙地运用外交军事策略，利用各国矛盾，将其各个击破。因为以秦当时的力量，尚不可能同时与各国为敌。于是昭王利用矛盾，制造矛盾，离间分化，分阶段有计划地拆散各大国间的盟约关系，或坐收渔翁之利，在几十年间，灵活应用"远交近攻"的策略，给予以韩、楚、赵为代表的东方诸侯国以沉重打击，使之丧失独自与秦抗衡的实力，并极大地发展本国实力，奠定了统一天下的坚实基础。

昭王初年，秦、齐两强东西对峙，魏、韩连年受欺于秦，也站在齐国一边，楚因汉中被秦夺去而与秦反目，采取亲齐方针。秦欲扩张必须在邻国楚、魏、韩中确定一个攻击对象，形势要求秦首先要破坏上述各国的联盟关系。当时楚国统治比较腐朽，于是昭王以楚为目标，厚赂楚国，提出两国联姻，与楚怀王会盟，以归还侵占的楚城上庸为诱饵，拉拢楚国背齐亲秦。公元前298年，昭王以一纸书信，诱骗楚怀王入秦并将其扣留，做人质要挟楚交献十地未遂，便发兵攻打析（今河南内乡）等15城，斩首5万。

公元前296年，经苏代策划，齐、韩、魏、赵、宋五国联合攻秦，秦采取以土地换和平手段，归还魏的封陵与韩的武遂，化解了这次军事行动。三年后，秦在伊阙给韩魏联军以致命打击，歼敌24万，继而攻占韩魏数城，迫使魏"予秦河东地方四百里"，韩"与秦武遂地二百里"。这次新占的宛（今河南南阳）、邓（今河南孟县）均为冶铁中心，从而使秦军武器得以更新提高。此后几年秦连续对魏韩用兵，占魏61城，迫使魏献出旧都安邑。后来秦多次攻打三晋，进一步削弱了三晋国力，扩大了疆域和实力。接着，将打击矛头指向最强的齐国。齐与秦无疆界关系，无直接军事矛盾，但弱齐有利于秦的近攻策略的实行。公元前284年，秦改而奉行近交远攻策略打击强齐，利用东方各国矛盾，参加燕国发动的对齐战争。此战，秦出力不多，济西告捷后即撤军，虽未占城掠地，却使齐国从此一蹶不振，给秦以后就近击破各邻国创造了有利的国际环境。远攻之后秦再次转向近攻，公元前280年和公元前279年分别从水陆两路大举伐楚，楚丧师失地，连首都郢也失守，楚顷襄王仓皇逃窜，被迫迁都于陈。秦在新占楚地上建立黔中郡和南郡，楚国势力由此大衰。

"远交近攻"虽然是范雎提出的，但在范雎入秦前，昭王、魏冉就已运用这一方针，并将"远交近攻"与"远攻近交"灵活结合起来，以前者为主，主要攻打邻近的韩、魏、楚等国。在对楚鄢郢之战后，秦以近20年的时间持续攻击韩魏两国，特别是着重打击国力较强的魏国，向中原纵深挺进，侵占两国大量土地，歼灭其军队数十万，两次兵临大梁城下。秦向东迅猛进展的结果便是与赵发生冲突，公元前260年，秦在长平取得中国战争史上一次空前规模的胜利，歼敌40余万，险些灭掉赵国，强大的赵国从此一蹶不振。

秦昭王不但在军事上成绩卓著，而且对国家的治理也成就显著。当时的大学者荀况亲自去咸阳考察过秦国社会状况后，对昭王治理下的秦国吏治民风等给予很高评价，认为秦民风淳朴，官吏恭俭忠信，不营私结党，官府办事效率高等。可见昭王时国内政治廉明高效，社会风气淳朴恭俭，所以秦不断取得各种胜利是必然的。当然这是几代君主努力的结果。这时昭王已执政40余年，他的贡献也是至关重要的。

秦昭王时期是秦对六国决胜的时期，其后三代秦王，特别是秦王政时期，秦统一已是大势所趋、不可逆转，六国已成强弩之末。秦以破竹之势摧枯拉朽，很快扫灭六国统一天下。秦王政时期是完成期、收获期，其胜利的坚实基础在昭王末年早已奠定。虽然晚年他独裁专断造成若干损失，听信应侯之言，丧失灭赵良机，冤杀名将白起，这些都不能掩盖他对秦国发展所做出的贡献，也不能掩盖这个时代秦国在各方面突飞猛进的事实。

当然昭襄王时期取得的巨大成绩，与这一时期的白起、宣太后、范雎、魏冉等人的配合有不可分割之关系，然而并不能否定昭襄王的能力。

吕不韦——弃商从政的成功典型

吕不韦是中国历史上有远见、有谋略的政治家、思想家。他先后担任秦国丞相10余年，对秦的政治、经济、文化、军事等方面的发展发挥了积极的作用。他主持编撰的《吕氏春秋》，是中国古代的一部重要典籍。

吕不韦年轻时同父亲一道经商，长途贩运，来回奔波于韩、赵、魏、秦等诸侯国。由于经商有道，成为"家累千金"的富商大贾。但致富之后的他已经不热衷于经商，而是改弦更张，做起了政治生意。

一次在赵国邯郸的经商活动，他结识了为质于赵的秦太子安国君（即后来的孝文王）的庶子异人，以为"奇货可居"，意思是把异人当作珍奇的物品贮藏起来，等候机会，好卖个大价钱。吕不韦回来问他父亲："种地能获利多少？"他父亲回答："十倍。"吕不韦又问："贩运珠宝呢？"他父亲又答："百倍。"吕不韦接着问："那么把一个人扶植成国君，会获利多少呢？"他父亲吃惊地说："那就数不胜数了。"吕不韦于是下定决心："如今即便努力劳作，仍然不能衣食无忧，而拥君立国则可泽被后世。我决定去做这笔买卖。"于是他重返邯郸，不惜倾家荡产资助秦异人回国，并助他最终成功登上王位，即秦庄襄王。为了报答他，庄襄王"以吕不韦为丞相，封为文信侯，食河南雒阳十万户……家童万人"（《史记》）。从此吕不韦摇身一变走上了以政治为生的道路。

吕不韦任相期间，辅佐国王调整对内对外政策，在军事上取得了显著的战绩，获得了大片土地，使三晋陷入困境，处于岌岌可危之中。从而使秦做好了消灭六国的最后战略准备，为后来的秦统一战争奠定了基础。同时吕不韦在任秦丞相期间，养士三千，编著《吕氏春秋》一书，书成后公布于咸阳市门，声言有能增删一字者，赏予千金。后来人们根据这个故事引申出"一字千金"这个成语，来称誉文词精妙、价值极高。战国后期，随着百家争鸣，各国贵族"养士"之风盛行。有权有势的人都喜欢招揽各种人才，把他们养在家中，以便随时为自己效劳。这在当时是一种时髦。吕不韦也广泛招徕学者名士，给他们优厚的待遇，这些人成为吕不韦的智囊团。吕不韦为了提高自己的声望，就让这些人各抒己见，编成了一部26卷的巨著，内容分为"八览、六论、十二纪，二十余万言"，包括天地万物、风土人情、上下古今等，真可谓洋洋大观、百科皆备。吕不韦看了很满意，题名为《吕氏春秋》。

为何要编写这本书？吕不韦的目的是"以为备天地万物古今之事"，即总结古往今来的历史教训和经验，为秦的统治者提供统治理论和依据。这本书从汉代开始被称为杂家，因为吸收了儒、墨、道、法、阴阳、兵、农等家的思想。之所以如此，是因为吕不韦能够以积极和客观的态度对待先秦文化遗产，超出学派门户之见，博采诸家之长，将各家学说中在他看来有价值的成分加以吸收。《吕氏春秋》虽然很杂，但也绝不是一锅大杂烩，对各家学说是有侧重的，是按照吕不韦预定的编辑计划完成的，有自己的政治主张、学术见解及思想体系。综观全书，可以发现它改造了儒家、道家思想，吸收了法家思想中积极的成分，而形成了自己的思想体系和政治观点。

然而吕不韦为秦国制定的一部完善的施政纲领，却没有得到实行，原因何在呢？这是由于吕不韦和秦王政之间有着尖锐的矛盾斗争。关于二人的矛盾，历来有不同的说法，有人认为是个人思想理念的不同，也有人认为是权力之争。其实究其根源，吕不韦和秦始皇的矛盾，还得从异人为质于赵说起。当时赵国都城邯郸有一个歌妓赵姬，娇媚动人，是吕不韦的小妾。在异人到吕不韦家喝酒时，赵姬盛装打扮，出来陪侍。异人面对风情万种的赵姬神魂颠倒、情不自禁。吕不韦为了长远大计，将怀有身孕的赵姬让给了异人，这也就是秦始皇是吕不韦的私生子的根据。这是司马迁在《史记》中的记载。但也有人认为"私生子"是莫须有之事。还有人认为，这是吕不韦为了抬高自己的身份，故意让门下编出这个风流故事的。

赵姬 36 岁那年，庄襄王一病不起。于是 13 岁的嬴政如吕不韦所愿，当上了秦王。由于嬴政年少，赵姬便以太后身份辅政，家事国事都委托吕不韦来操持，时称"仲父"。吕不韦为了自己的政治前途，也为了继续讨得赵姬的欢喜，后来又推荐自己的舍人嫪毐为赵姬的面首。嫪毐假装宦官混入宫内，颇为太后宠幸，竟和太后生下两个儿子，嫪毐还被封为长信侯。嫪毐依仗太后的权势，权力欲越来越大，有家童数千、宾客千余，山阳、河西、太原全为他的封地，宫室、车马、衣服、苑囿、驰猎，应有尽有，一时权倾一时，形成"事皆决于嫪毐"的局面。他还和太后密谋，只要秦王政一死，就把其私生子作为继承人。

公元前 238 年，已经 22 岁的秦王政到雍城蕲年宫举行冠礼（表示可以亲政了），嫪毐乘机发动政变，秦王政立刻命令昌文君等率兵平叛，后嫪毐被车裂而死。嫪毐是由吕不韦推荐从政的，按照秦律任人而不善者受罚，吕不韦被牵连，遂被革除相职。秦王政本想处死吕不韦，但念其辅佐先王和自己有功，加之吕不韦势力很大，朝廷上有许多人反对处死吕不韦，便免了吕不韦一死，罢除了其相国职务，并命令吕不韦迁居到其食邑河南洛阳。但是还是有不少人到他府上拜见，说明吕不韦的影响仍然很大。因此秦王政又命令他迁到蜀。吕不韦自感绝望，遂饮毒酒而死，其宾客偷偷地安葬了他。

韩非 —— 口吃的大思想家

韩非，战国末期著名的思想家，法家思想的集大成者。韩非是战国末期韩国人，韩王室诸公子之一。《史记》记载，韩非精于"刑名法术之学"，他与李斯都是荀子的学生。韩非因为口吃而不擅言语，但文章出众，连李斯也自叹不如。他的著作很多，主要集中在《韩非子》一书中。韩非目睹战国后期的韩国积贫积弱，多次上书韩王，希望改变当时治国不务法制、养非所用、用非所养的情况，但其主张始终得不到采纳。于是就退而著其书，写出了《孤愤》《五蠹》《内外储》《说林》《说难》等著作，洋洋十万余言。

韩非的书流传到秦国后，为秦王嬴政所赏识。嬴政在看到《孤愤》《五蠹》后，情不自禁地说"寡人得见此人与之游，死不恨矣"，甚至不惜以派兵攻打韩国相威胁，迫使韩王让韩非到秦国为其效力。秦王政对韩非很赏识，却引起了李斯的妒忌，于是李斯在秦王面前诬陷韩非。韩非到了秦国还没有来得及得到重用，李斯怕韩非得势后夺取他的地位，于是和姚贾利用韩非曾建议秦王存韩以为蕃臣，在秦王面前说韩非的坏话。秦王听了李斯的话，将韩非下狱治罪。韩非要求面见秦王，没有得到允许，李斯派人送毒药给韩非，迫使他自杀。不久，秦王又后悔，等到派人赦免韩非时，韩非已经死了。

韩非虽死，但他的思想却在秦始皇、李斯手上得到了实践。韩非著作吸收了儒、墨、道诸家的一些观点，以法家思想为中心。他总结了前期法家的经验，形成了以法为中心的法、术、势相结合的政治思想体系，被称为法家思想之集大成者。韩非根据新兴地主阶级的要求，总结了前期法家的统治经验，第一次明确阐述了法、术、势三者之间统一、不可分割的联系。为了推行改革，必须变法，实行法治。推行法治必须掌握政治上的权势，他主张统治者要有势。有法有势而无术，会大权旁落，所以必须有术。韩非把商鞅的法、申不害的术和慎到的势融为一体。他推崇商鞅和申不害，同时指出，申商学说的最大缺点是没有把法与术结合起来。韩非按照自己的观点，论述了术、法的内容以及二者的关系，他认为，国家图治，就要求君主善用权术，同时臣下必须遵法。同申不害相比，韩非的"术"主要在"术以知奸"方面有了发展。他认为，国君对臣下不能太信任。在法的方面，强调"严刑重罚"。韩非继承和总结了战国时期法家的思想和实践，提出了君主加强中央集权的理论。他主张"事在四方，要在中央；圣人执要，四方来效"。国家的大权，要集中在君主一人手里，君主必须有权有势，才能治理天下。韩非还主张改革和实行法治，要求"以法为教"。他强调制定了"法"，就要严格执行，任何人也不能例外，做到"法不阿贵""刑过不避大臣，赏善不遗匹夫"，即法律面前人人平等，他还认为只有实行严刑重罚，人民才会顺从，社会才能安定，统治才能巩固。

过去人们对法家思想在秦历史上的作用基本上分为两个阶段，即前期促进了秦的统一，但后期对秦的灭亡也负有不可推卸的责任。其实，秦的灭亡并不能完全归结于法家思想。秦的灭亡是一个复杂的问题，认为秦用法家思想统治而导致秦快速灭亡的说法是缺乏根据的。统一后的秦王朝使用法家思想进行统治，对于维护当时的统一局面是有积极意义的。历史上使用法家思想进行统治的朝代并不只有秦，汉以后的政权仍然执行"外儒内法"的思想，但并没有导致汉王朝很快灭亡，可见法家思想的适用性和生命力。

李斯——"老鼠哲学"的实践者

李斯是楚国人，从小家境贫寒，勤奋好学，成年后做了仓库保管员。李斯是一个善于观察的人，一次他在如厕的时候，发现厕所里的老鼠不仅生活环境恶劣，而且人人喊打。而粮仓里的老鼠吃得又大又肥，生活无忧无虑。李斯思考过后，终于找到了问题的症结所在，即不同的生存环境决定了老鼠不同的生活状态。然后他又进一步联想到自己，发出"人之贤不肖，譬如鼠矣，在所自处耳"的感慨。于是李斯不再安分守己，辞去了职务，去寻找能实现自己人生价值的舞台。

李斯离开家乡后，来到了齐国兰陵，师从于大学问家荀子。在这段异国求学的过程中，李斯熟读经书，学业有成，学成后来到秦国，以实现自己的抱负。他认为当时的秦国才是他能施展才能、发挥作用的地方。首先，秦国有重用布衣人才的优秀传统。其次，秦国一直在进行领土扩张，需要人才。最重要的是，秦国有称霸天下的雄心，这正好跟李斯向往的人生轨迹重合。公元前247年，李斯来到了秦国，当时相国吕不韦执掌秦国国政，正在广收人才，李斯就做了吕不韦的门客，并借机接近秦王政，得到他的信任，先后做了长史和客卿。

正当李斯以为自己即将飞黄腾达的时候，受韩王指派的水工郑国对秦国所施的修渠以疲秦的计谋败露，秦王政大为光火，加重了对客卿的不信任，于是对秦国境内的客卿下达了驱逐令，李斯当然也列入被逐的行列。为了保住自己的地位，李斯冒着被杀头的危险，放手一搏，写下了《谏逐客书》，向秦王政展示了自己的非凡才能。李斯在他的奏章中引经据典，用秦国先祖的成功经验教导秦王政，指出秦王政这种做法是愚蠢的。拒绝宾客而不接纳、疏远贤臣而不任用，不但削弱了自己的力量，而且壮大了敌人，可谓自掘坟墓。他又指出：明珠不产于秦，未必就不珍贵。人才不出于秦，未必就不忠心。驱逐了宾客可以找回，伤害了人心却无法弥补。秦孝公任用商鞅变法使民富国强，秦惠文王采用张仪的计谋实现了领土扩张，秦昭襄王起用范雎强化了王权，这些人都是从国外引进的，他们是间谍还是秦国的功勋之臣？李斯提醒秦王政，泰山不挑剔微小的尘土，才能高不可攀；河海不拒绝细小的流水，才能深不可测。同时，秦王政也看到了李斯的胆识与能力，这样的人才，正是他打天下的良师益友。于是任命李斯为廷尉，位列九卿，成为秦国的高级官员，有了参与朝政的权力。一场关系到李斯命运的危机，就这样化险为夷，"大难不死，必有后福"，预示着他在秦国的仕途将平步青云。

《谏逐客书》由于李斯的精彩演绎，以及它所起到的政治作用，至今声名斐然，被人们誉为千古名篇。紧随成功而来的是鲜花和掌声，秦始皇统一天下后，封李斯为丞相，并听从李斯的建议，在全国推行郡县制。李斯精于书法，秦始皇下令统一文字时，李斯亲自撰写了《仓颉篇》作为书法范本。秦始皇多次出巡所刻石碑，据说大多出自李斯的手笔。由于秦始皇的赏识，李斯官运亨通，其子女多与皇室结为姻亲，长子李由还做了三川郡守。李斯最终成为秦始皇时期一人之下、万人之上的丞相，协助秦始皇统一天下，并主持和参与秦帝国一系列大政方针，如郡县制的制定，统一律法、货币、度量衡和车轨等方面，以及焚书坑儒、秦始皇陵墓的修建等帝国的重大事件，可谓权倾一时、炙手可热。但李斯又是一个利欲熏心的人，他因为担心秦始皇重用才能高于自己的韩非、自己的饭碗被同为荀子弟子的韩非夺走，便将其谋害。他对权力的贪恋，也为他后来遭杀身之祸埋下了种子。

2. 千古一帝秦始皇

秦始皇是中国历史上一位叱咤风云、富有传奇色彩的划时代人物，也是中国历史上第一个多民族中央集权制帝国的创立者。他13岁即王位，39岁称帝，在位共37年。他是中国历史上第一个使用"皇帝"称号的君主，对中国和世界的历史产生了深远的影响。因此被明代思想家李贽誉为"千古一帝"。

秦始皇生于公元前259年正月，因其祖先在伯翳时被赐姓嬴，所以称为嬴政。关于秦始皇的出生至今还是一个谜。一种观点认为秦始皇是一个私生子，他并不是父亲秦庄襄王的儿子，大臣吕不韦才是秦始皇的真正生父；另一种观点则认为非也。之所以会出现以上两种截然不同的观点，是因为史书记载的不同。

公元前247年，当了3年国王的庄襄王驾崩，吕不韦拥立才13岁的嬴政做了国王。年轻的秦王政称吕不韦为"仲父"，让他执掌国政。到公元前238年，秦王政已22岁，举行冠礼仪式，并平息了嫪毐的叛乱，又将吕不韦革除相职，削除其残余势力，从此独揽大权。

秦始皇22岁亲政后，"续六世之余烈，振长策而御宇内"，进一步加速了统一全国的进程，广纳贤士，为己所用。在此期间，他任用了尉缭、姚贾、李斯、蒙恬、王翦等著名的政治家、军事家、外交家，这些人士在秦的统一过程中，为秦王政出谋划策，能征善战，在国家统一过程中发挥了十分重要的作用。

从公元前230年到前221年，秦始皇采取远交近攻、分化离间、连横破纵等策略，发动秦灭六国之战。秦先后于秦始皇十七年（前230）灭韩、十九年（前228）灭赵、二十二年（前225）灭魏、二十四年（前223）灭楚、二十五年（前222）灭燕、二十六年（前221）灭齐，统一了中国，结束了春秋战国以来长期诸侯割据、战乱频仍的局面，使"元元黎民得免于战国"，建立了中国历史上第一个统一的、多民族的中央集权大帝国，为社会生产的发展创造了一个安定的局面。

同时秦始皇为了扩大战果，还南征北战。公元前218年，秦始皇命大将屠雎和赵佗率50万大军，发动了征服岭南百越的战争。秦军兵分五路，向岭南地区的越人进军。但是由于粮食匮乏、主帅被杀、数十万的秦军伤亡，前后相持达三年之久。为了扭转兵力不足、粮草供给的困难局面，公元前217年，秦始皇命监御史史禄在今广西兴安县境内开凿沟通湘水和漓水的长达34千米的人工运河灵渠，连接起了长江和珠江水系，秦军的粮饷能够络绎不绝地运到岭南，为秦始皇完成岭南的统一大业提供了可靠的物质保障。公元前214年，秦始皇命任嚣和赵佗再次进攻百越各部族。秦军势如破竹，整个岭南地区从此划入了秦朝的版图，在岭南地区设置了南海、桂林、象郡三个郡，从而大大地促进了对岭南地区的开发。

在南征的同时，秦始皇遣将军蒙恬率军对匈奴发动了大规模的进攻，在这一带设置了34县，设置九原郡管辖这一地区。还将一些有罪的官吏及中原地区部分老百姓迁徙到这些地方，开垦种植，充实边郡。始皇三十三年（前214）"西北斥逐匈奴""筑亭障以逐戎人""却匈奴七百余里"，使"胡人不敢南下而牧马，士不敢弯弓而报怨"。同时秦始皇命令把原秦、赵、燕三国原来修建的防御匈奴的长城加以修缮并连接起来，形成了西起甘肃岷县、东到辽东，世界建筑史上的奇观——万里长城。

秦王政在消灭六国、统一天下之后，自认为其功劳"德兼三皇，功过五帝"，不应再继续称王。经过朝廷上一番讨论之后，决定取古代"三皇"之"皇"和"五帝"之"帝"，合而为一，称"皇帝"。从此，"皇帝"就成为当时最高统治者的尊号，并影响了中国历史两千多年。皇帝拥有至高无上的权力，从中央到地方的主要官吏，都由皇帝任免，都按照皇帝的律令或意志办事。为适应新的大一统形势的需要，以显示其与以前君主的不同，秦始皇参照以前的政治体制，建立了一套以皇帝为核心的金字塔形的官僚政治制度。

皇帝地位尊崇、至高无上。皇帝之号既如此尊崇，所以对他的名字要避讳，如秦始皇名政，所以将过去地方官的"里正"改称"里典"，将"正"字改为"端"字；在文书中遇到皇帝字样或与之同义的词，要另行顶格书写。这些规定后来都为历代王朝所沿用，成为定式。秦始皇还认为历史上的"谥法"是根据君王生前的贡献而言的，是"子议父，臣议君"，因而是悖理绝伦、不足为训的。于是，追尊其父庄襄王为太上皇，不作谥号，也不予评价。与此同时，秦始皇还创立了与皇帝名号相一致的一些名物制度，以显示皇帝的独尊地位。如皇帝"命为'制'，令为'诏'"。皇帝自称"朕"。秦始皇帝批准臣下的奏议用"可"字；另外，还规定只有皇帝的大印才能称作"玺"。秦始皇大权独揽，亲理朝政，而且为了维护刚刚建立的秦帝国的统治秩序，他还勤于政事。《史记·秦始皇本纪》记载："天下之事无小大皆决于上，上至以衡石量书，日夜有呈，不中呈不休息。"也就是说他每天都要看

60 千克重的简牍文件，看不完是不休息的。秦始皇不愧为中国古代第一个大有作为的皇帝。

与此同时，他还进一步加强中央集权统治，对官僚机构进行改革。皇帝之下，在中央实行三公九卿制，设丞相、太尉、御史大夫。丞相有左右二员，是百官之首，掌政事。太尉掌军事，不常置。御史大夫掌图籍秘书，监察百官。在丞相、太尉、御史大夫以下，是分掌具体政务的诸卿，其中有掌宫殿门户的郎中令，掌宫门卫屯兵的卫尉，掌京畿警卫的中尉，掌刑法的廷尉，掌农业的治粟内史，掌山海池泽之税和官府手工业制造以供应皇室的少府，掌治宫室的将作少府，掌国内民族事务和外事的典客，掌宗庙礼仪的奉常，掌皇室属籍的宗正，掌舆马的太仆等。秦王朝建立的这套中央集权机构的政权机构，以后一直被历代王朝所仿效。

在地方，废除了朝前实行的以血缘关系为主的分封制，而实行以地域为主的郡县制。从而避免了分封诸侯之间的战争。重要的是三公九卿和郡守、县长都由皇帝亲自任命，他们直接向皇帝负责。郡设守、尉、监。郡守掌治其郡。郡尉辅佐郡守，并典兵事。郡监司监察。秦始皇把刚刚统一的全国分成 36 郡，以后随着国土面积的不断增加，又陆续增设至 40 余郡。在近年来的新发现的《里耶秦简》和《岳麓书院秦简》里，出现了一些新郡，如"洞庭郡"等得以重见天日。县，万户以上者设令，万户以下者设长。县令、长主要管理政务，县尉掌管军事，县丞掌管司法。县以下有乡，乡设三老掌教化，啬（sè）夫掌诉讼和赋税，游徼掌治安。乡下有里，是最基层的行政单位。里有里典，设置严密的什伍户籍组织，以便支派差役，收纳赋税。此外还有管理治安、防御盗贼的专门机构，叫作亭，亭有长。这样从上而下建立了一套完整的、金字塔式的官僚体制，保障了国家机器的正常运转。

为了巩固统一的成果，秦始皇从统一天下之时起，采取一系列措施。秦始皇二十六年（前221）初并天下，便"收天下兵，聚之咸阳，销以为钟鐻、金人十二，重各千石"。把所有民间的兵器销毁，铸成钟鐻（jù）和金人，放在咸阳宫前，消灭了隐患；还在全国实行了统一货币、统一度量衡、统一文字等改革措施，用小篆、隶书代替原来的大篆，用方孔圆钱代替了六国时期各国所使用的货币，从而保证了国家政令的通畅和商品交换的方便；并修建和整修了通往全国各地的驰道、直道等道路工程；在经济上推行"使黔首自实田"（裴骃《史记集解》引徐广语）的土地所有制改革，承认土地私有合法化，大大调动了劳动者的积极性。

在内政方面，秦始皇贯彻既定的各项法制及军功爵制度，做到令行禁止、赏罚分明，又以礼待李斯、尉缭、王翦等重臣大将，不惜授予高官厚禄、田宅园池，从而使谋臣竭智、将士归心、三军效命。他采纳李斯的建议而废止逐客令，这就在一定程度上缓和了统治集团内部的矛盾，改善了政治形象。他重视农业基础设施的建设，兴修了郑国渠等大型水利工程，大大促进了农业生产，使陕西的渭北高原靠天吃饭的贫瘠地区一变而成为旱涝保收的地区，单位面积产量有了大幅度提高，起到了发展生产、富国强兵、安定民生的作用，也使关中地区成为中国历史上第一个被称为"天府之国"的地区。

秦始皇实行的以上各种政策和措施，影响到以后的两千年古代社会。故而清末维新派改革家谭嗣同 1896 年在《仁学》一书中说："（中国）两千年来之政，秦政也。"而且有的措施迄今仍在发挥作用，如实行郡县制，统一文字、货币、度量衡等。这些统一的措施和制度，对当时社会的发展、历史的进步，无疑具有重大的意义，是对旧制度的修正，它不仅改变了此前中国长期处于分裂割据状态的政治和文化，而且促进了社会经济的发展。

从以上我们可以看出，秦始皇在统一天下后，为巩固统一成果实行了不少有益的措施。但秦统一全国前，由于数百年的战争和长期的混乱已经给社会生产力造成了严重的破坏，统一后理应与民休息，恢复生产。而秦始皇却反其道而行之，把当时全国有限的财力、人力、物力用在了大兴土木上，从而造成"至于始皇，遂并天下，内兴功作，外攘夷狄，收泰半之赋，发闾左之戍。男子力耕不足粮饷，女子纺织不足衣服。竭天下之资财以奉其政，犹未足以澹其欲也。海内愁怨，遂用溃畔"（《汉书》）的局面。这等于是雪上加霜，使已经萧条的经济再度衰败。

　　秦始皇生前为了自己的奢侈豪华的生活，在全国修建了众多的离宫别馆，包括"规恢三百里"的阿房宫及绵亘数百里的上林苑，形成了"关中计宫三百，关外四百余"的规模。据史书记载：当时修秦始皇陵和阿房宫的劳动者最多时达70余万人。同时又为自己死后修建了规模空前的陵墓，其陵园面积达到56.25平方千米。据研究推测，秦当时全国约有2000多万人口，而参加各种劳役者达200多万人，占全国人口的十分之一强，使大量劳动力从事这些奢侈性建筑，而脱离了农业生产，严重制约和影响了社会经济的发展。

　　在大兴土木工程之时，为了加强思想和文化上的统治，秦始皇实行了"焚书坑儒"的政策，造成了一次对文化的严重摧残。而且，秦始皇一心追求不朽的功业，希望江山能二代、三代直至万代传下去，因此非常害怕死，十分相信方士们提出的"长生不老"邪说。他后来率领百官群臣到泰山封禅，五次大规模的出巡，每到一处就刻石记功，宣扬统一中国的功业，虽有巡幸全国以达威慑之目的，但到东海寻求长生不死药也是不争的事实。长生不死药未曾找到，反而因多次出巡，长途颠簸，劳累过度，加速了秦始皇的死亡。在第五次出巡的路上，秦始皇离开了不愿离开的人世，结束了只有50年的生命。

　　由于秦始皇一生最害怕死，所以别人也不敢在他面前提到此事。因此当第五次出巡的车队行至平原津时，秦始皇虽已重病缠身，群臣却没有一个人敢对秦始皇说死字。然而事实无情，秦始皇的病情不断恶化，这时候自己也知道已日薄西山，活不了多久，才想到了死后皇位的继承问题，想起了老成持重富有政治头脑的长子扶苏（因反对秦始皇的"焚书坑儒"政策，而被贬到北方监军），想让扶苏继位，于是让随侍的中车府令赵高赐公子扶苏书信，叫他速回咸阳守候丧葬，其意就是让扶苏到咸阳继承皇位。书信封好后，中车府令赵高却迟迟不肯发出，当出行的车队到沙丘（今河北邢台市广宗附近）时，秦始皇断了最后一口气。

　　秦始皇死后，丞相李斯害怕国无君主，若贸然宣布死讯肯定会引起大乱，因此决定秘而不宣。当时知道秦始皇已死的人只有秦始皇的小儿子胡亥、丞相李斯及宦官赵高，他们把秦始皇的遗体载于可调节温度的辒辌车中，每日照常送饭食，百官奏事及决断都由公子胡亥、中车府令赵高及丞相李斯传诏。与此同时，一个篡权阴谋由赵高、胡亥、李斯共同策划着。李斯在赵高的诱惑下，利欲熏心，关键时刻与赵高狼狈为奸。他们将秦始皇原来的诏书篡改，派使者赐剑给屯守北边的公子扶苏和大将蒙恬，命令他们自杀。

　　秦始皇万万没有想到他这么快就离开人间，也万万没想到他死后，赵高、李斯、胡亥等发动沙丘政变，篡改诏书，使他想立为皇帝的长子扶苏被赐死，而胡亥当上了皇帝，成为秦二世。胡亥从小娇生惯养，无政治头脑，根本没有治理国家的才能，因而大权被赵高独揽，赵高遂演出了历史上有名的"指鹿为马"的闹剧。二世胡亥不仅不理政事，而且其骄奢淫逸比其父秦始皇有过之而无不及，从而使社会阶级矛盾更加激化。公元前209年，中国历史上第一次大规模的农民战争爆发了，很快席卷全国，六国贵族乘机而起，并迅速摧毁了秦王朝的统治。

"始皇出世，李斯相之，天崩地坼，掀翻一个世界"，这是明代李贽在《史纲评要·后秦记》中对秦始皇的高度评价。秦始皇雄才大略，气吞山河，立志创新，前无古人，其功绩震烁古今。现在看来，秦始皇的功绩主要是"为万世立法式"，创立了众多的制度。梁启超先生就曾评价说："秦始皇宁为中国之雄，求诸世界，见亦罕矣。其武功焜耀众所共知不必论，其政治所设施，多有皋劳百代之概。……汉制什九皆承秦制……而治千年来之中国，良未易出其范围……然则始皇可厚非乎哉？"更有外国学者这样评价秦始皇，"在中华帝国的历史上，有六七位著名的君主，对同时代的和后世的作者来说，他们的事迹使其形象比实际生命更为高大，而秦始皇就是其中最早的一人"。

3. 大秦文明的创举

统一文字 ——"罢其不与秦文合者"

中国的文字经过了长期的发展过程而走向成熟。甲骨文是目前公认的发现最早、最完整的文字，也是比较成熟的文字，因此在甲骨文之前有文字是不成问题的。西周时期大量文字刻在青铜器上，称为金文。春秋战国时期，诸侯国林立，文字混乱，严重影响了人们之间的交流，当时的文字称为大篆，也称为籀文。秦始皇统一天下后，为了政令的畅通和人们的相互交流，必须进行统一文字的工作。

公元前221年，秦始皇实行"书同文"的政策，由丞相李斯等人整理文字，改定字体，废除各诸侯国文字。李斯、赵高、胡毋敬分别用秦篆编写了《仓颉篇》《爰历篇》《博学篇》三书，作为全国推广秦篆的课本。这样，既适应了学童学习的需要，也作为小篆字体的范本，向全国推广。这是一次大刀阔斧的文字改革。

秦始皇宣布秦小篆为统一书体，他出巡各地制作的刻石都尽力注意统一书体的标准化。李斯作为著名的篆书家，各地所刻之石，相传都是他的手笔，留传到今天的有《泰山刻石》《琅琊刻石》等均为小篆。同时隶书也是秦创造的。

统一文字是保证中央政令顺利下达的关键。《云梦秦简》就是用隶书写成的。隶书的出现是我国文字由古体变为今体的重要里程碑。文字的统一对加强中央集权制、维护国家统一有很大的促进作用。秦始皇的军事统一，只是在行政方面把中国撮合到了一起，而文字统一，则为中国的文化统一、经济统一打下了一个无比坚实的基础。这是影响了整个中华民族几千年的大事，秦始皇功不可没。

统一货币、度量衡——"平斗桶权衡丈尺"

货币是人们进行交换的媒介，是商品经济发展的重要体现。早在史前时期，人们已经开始使用贝作为交换媒介，现在很多与钱有关的字均带有偏旁"贝"字。

春秋战国时期是我国商品经济迅速发展的时期，不同的国家铸币往往不同。虽然铜币已成为当时流通领域里的主要货币，但各国铜币在形状、大小、轻重及计算单位上却有很大差异。从形状上看，当时各国的铜币可以分为布币、刀币、圆钱等类。布币的形状类似金属农具，主要在赵、魏、韩等国使用。刀币的形状象刀，主要在齐、燕、赵国流通。圆钱分为方孔圆钱和圆孔圆钱两种，主要是在秦、东周、西周以及赵、魏的黄河沿岸地区使用。铜贝，形状类似海贝，俗称"蚁鼻钱"，主要是在楚国使用，楚国还用郢爰。

币制的不统一，严重阻碍各地商品的流通。所以，秦统一天下后便开始统一全国货币，采取的措施主要有三项：首先将铸币权收归国家，禁止地方和私人铸币，对于私自铸币者，不仅没收其所铸钱币，还要拘捕和严惩私自铸币者；其次明确规定货币种类。秦朝的法定货币为黄金和铜钱，黄金为上币，单位为镒，圆形方孔铜钱为下币，以半两为单位，上面铸有"半两"的字样，每钱重 12 铢；最后是废除原来六国使用的布币、刀币、铜贝等各种货币，不准以龟贝、珠玉、银锡等充当货币。圆形方孔秦半两钱在全国的通行，结束了我国古代货币形状各异、重量悬殊的杂乱状态，是我国古代货币史上由杂乱形状向规范形状的一次重大演变。这种圆形方孔的铜钱，把中国人对宇宙的认识"天圆地方"的观念应用在货币铸造上。因此具有极强的生命力，一直延续到民国初期，在中国产生了极为重要的影响。

度量衡是商品交换中必不可少的。秦统一后，下令以秦国的度量衡为标准。具体措施是将统一度量衡的诏书全文刻在新制作的度量衡标准器上。这样既可以提供更多的标准器，又可以宣传秦始皇的功绩。

四通八达的交通——驰道与直道

战国时期诸侯割据，"车涂异轨"，城防巨堑，关塞亭障，以邻为壑，严重阻碍政治的统一和经济文化的交流。秦统一后，下令拆毁原六国之间修筑的长城、堡垒关塞等障碍物，决通了战国时期各国用于以邻为壑的堤防。由咸阳通往全国各地的道路，不仅有驰道，而且还有直道。可谓四通八达。

秦始皇统一六国后，首先实行"车同轨"，从公元前 220 年开始大修驰道，一直持续到秦灭亡。驰道就是驰骋车马的宽广的道路。路中央供皇帝通行，列树标明，两旁任人行走。据《汉书·贾山传》记载："（秦）为驰道通于天下，东穷燕、齐，南极吴、楚，江湖之上，滨海之观毕至。道广五十步，三丈而树……树以青松。"充分反映出驰道的雄伟和宽阔气势。

这些驰道都是以都城咸阳为出发点，通向四方，是我国古代伟大工程之一。它对于全国政令的通达，抵御落后部族对内地先进地区的侵扰，加强各地文化的交流，促进统一的多民族国家的发展，有着非常重要的意义。秦始皇沿驰道五次出巡，就是要从政治上慑服原六国的统治者和贵族。

从秦都咸阳通往全国各地的驰道如下：

第一，从咸阳顺渭河东行，出函谷关到关东。

第二，由咸阳向西行，这条道路叫"回中道"，因中途建有回中宫得名。

第三，从长安向东南，经蓝田、商洛，出武关，到东南。因途经蓝田谷和武关，所以称作蓝武道或武关道。

第四，由咸阳向东北，经栎阳、大荔，过蒲津关，到太原。

第五，由咸阳到西南，称为秦蜀古道。通过子午道、褒斜道、傥骆道、陈仓故道等到达巴蜀。

除了驰道，还有直道。秦直道是可与长城、兵马俑相媲美的世界奇迹，可以说是两千多年前的"高速公路"。秦直道始建于公元前212年，北起九原郡（今内蒙古包头市西），南到淳化县的林光宫，全长700余千米。秦直道贯通中原和北方，加强了中原与北疆边陲之间的联系，巩固了国家边境，同时，作为地区间经济文化交流的重要通道，秦直道加强了南北商贾贸易和文化交流，推动了经济发展，促进了民族融合。

秦长城——人类历史上的建筑奇迹

长城修筑的历史悠久，工程雄伟浩大，被评为"世界新七大奇迹"之一。长城绵延起伏在我们伟大祖国辽阔的土地上。它好像一条巨龙，翻越巍巍群山，穿过茫茫草原，跨过浩瀚的沙漠，奔向苍茫的大海。

春秋战国时期，由于战争的频繁和规模不断扩大，军事筑城技术广泛发展起来。各诸侯国为了防御邻国的突然袭击，常常在自己的边境上修筑长城。秦昭王时期消灭了义渠国以后，修建了西北边地长城，西起今甘肃岷县，沿洮河东岸北行至今临洮县，向东南至渭源境，然后转向东北经通渭、静宁等县进入宁夏南境，过葫芦河、六盘山，入固原县境，再折为东北方向入甘肃省环县，经陕西省吴起、靖边、志丹、安塞等县的横山山脉，向东北行至靖边县天赐湾与安塞县镰刀湾之间分为两支。一支沿大理河与淮宁河之间的分水岭东行至绥德县城西，傍无定河西岸转向北行至榆阳区南鱼河镇。另一支转向北，经靖边县东、横山、榆林至神木县入内蒙古自治区南境，直达黄河西岸。

秦实现全国统一后，为了防御北方匈奴人的进攻，秦始皇于公元前214年派大将蒙恬率领30万人北逐匈奴，并修筑长城，把战国时期秦、赵、燕三国的北方长城连接起来，从甘肃岷县到辽东绵延万里，从此始有"万里长城"之称。秦长城可大致分为西段和北段。西段起始于今甘肃省岷县，循洮河北至临洮县，然后分为两支，一支是继续沿用昭王时期的长城，经定西县向东北至宁夏固原县、甘肃环县、陕西靖边、横山、榆林、神木，然后向北折至今内蒙古托克托南，抵黄河南岸。另一支则是从临洮继续向北，到黄河然后沿黄河向北修建长城，将秦始皇后来取得的领土保护起来。北段即黄河以北的长城沿阴山西段的狼山，向东至大青山北麓，再向东经今内蒙古集宁、兴和至河北尚义，再向东北经今河北张北、围场，再向东经抚顺、本溪后向东南，终于朝鲜清川江入海处。

秦长城对于抵御匈奴的骚扰、保障中原生产和生活的安定、促进边境地区的开发和建设起到了重要的作用。秦始皇为了修筑长城动用了大量的劳动力，创造了人类建筑史上的奇迹。这一繁重的修筑工程，也给当时的百姓带来了极大的痛苦和负担。自秦代以后，长城这种防御建筑形式为许多王朝的统治者所继承，经过两千多年的不断修缮和扩筑，规模越来越宏伟壮观，是我国军事筑城史上的奇迹之一，是中华民族的骄傲和宝贵的世界文化遗产。

杜虎符——严密的军事制度

虎符，亦称兵符，是古代帝王授予武将兵权和调动军队的信物，传说是西周时期的姜太公所发明的，是君主授予臣属兵权、调动军队的凭证，其外形呈虎的形状，所以称为"虎符"，也称作"兵符"。符身为铜质，有铭文，分左右两半，右半留存于君王，左半发给统兵的将帅。调发军队时，两半合符才表示有权调动军队，盛行于战国、秦、汉时期。

我国迄今发现和保存的秦虎符仅三枚。新郪虎符现存法国，阳陵虎符现藏国家博物馆。另一枚便是杜虎符，珍藏于陕西历史博物馆。尽管这件藏品长不足一握，高仅为二寸左右，但凡是看到它的人，无不为它那传神夸张的造型和精美绝伦的错金工艺感叹不已，它就是战国时代秦杜县的遣兵虎符。20世纪70年代初期，西安市南郊北沈家桥村少年杨东峰在村西平整土地时，忽然听到"当"的一声脆响，一件青铜器物出土了。通过对虎符上40多个文字的释义，可以看出虎符的作用有二：一是通过对虎符上"兵甲之符，右在君，左在杜，凡兴士披甲，用兵五十人以上，必会君符，乃敢行之……"一段文字的研究，搞清了这枚虎符乃战国时秦国杜县军事将领所有，客观地印证了秦国设杜县的军事地位；二是它客观而真实地反映了战国时期虎符调兵遣将制度的历史。即调动军队时，由君主或皇帝派出的使臣将符相合，方能调兵。

根据虎符的铭文我们知道：除了战争和非常时期之外，调动50人以上的军队，必须持有虎符才可以。如果军情非常紧急，已经发出烽火的警讯，统兵的将领不必等待虎符的两半相符合，可以立即调兵采取军事行动。虎符是军队指挥权的标志，它使所有的秦军都控制在国君一人手里。我们今天讲的"符合"二字就是由此而来的。

秦封泥——解读秦历史的密码

20世纪90年代，一批秦封泥在秦都咸阳的甘泉宫遗址附近经过两千多年的长眠之后破土而出，立即引起社会的普遍关注。当代著名历史学家李学勤先生认为："这次发现极为重要，在一定意义上不亚于云梦睡虎地秦简的发现，这是秦汉历史、考古工作者做梦都不敢想象的收获，我这不是夸大之辞，因为秦享国年短，这批封泥太难得、太宝贵了！"考古学家袁仲一先生也认为："这是秦汉历史学、考古学的以及中国古代职官、地理研究的一次里程碑式的极其重大的发现，其中大量问题需要一代人甚至几代人的好好消化、研究。"

封泥是古代抑印于胶质黏土上，用以封缄、作为目验玺印施用、以防奸宄私揭窃拆的遗迹。当时的公私文书绝大部分写在竹简木牍上，然后以绳索缚之，填以青泥，再在其上加盖印章，只有公文送达目的地以后，才可以去掉封泥打开公文，这样可以起到保密的作用。

过去由于公认的秦封泥数量很少，人们对于秦封泥的形制、风格难以获得明确的认识，以致对秦汉封泥的区别难于把握，相家巷数千枚秦封泥的出土弥补了这一方面的空白。这批秦封泥不仅数量多、品种全、品相好，而且内容极为丰富，涉及当时政治、经济、文化等各个方面，特别是有关秦时职官制度、用印制度、文字发展、苑囿、历史地理等多方面的研究内容都是史书中没有的，尤其是秦的职官制度更为全面。秦王朝建立的三公九卿的管制体系奠定了中国两千余年职官制度的基础，是我国制度文明发展史上的一大创举，新发现的这批秦封泥补足了我们对这一制度了解的缺失，提供了珍贵的第一手资料。

关于秦职官的封泥主要有：丞相之印、右丞相印、左丞相印等，其中相当一部分是宫廷内部和直接为宫室（包括为皇帝、太后、太子）服务的官吏。封泥中的一些官职是以前史书没有记载的，有些虽然有记载但记载混乱，秦封泥发现的这些官职则使历史上的许多问题迎刃而解。比如，秦的丞相问题一直是争论的问题，在遗址中发现的丞相官印应该说解决了这一问题，即当时既有丞相，又有左、右丞相，这应该是秦始皇实行中央集权制的有效措施之一。

不少封泥反映的是秦时的马厩管理制度，秦人以善于养马和驭车而闻名，以前在秦始皇陵也发现过一些马厩坑方面的资料，但这次的发现更多、内容更丰富，可以看出秦时的马厩管理是严密的，也反映出马在当时社会生活中的重要作用。秦为了满足统治者的需要，在全国修建了大量的离宫别馆和苑囿，这次发现的封泥中透露出不少过去文献中没有记载的秦时苑囿。

关于秦都咸阳的封泥有咸阳丞印、咸阳亭丞、咸阳亭印、咸阳工室丞等，分别反映出秦都咸阳的官僚机构、行政管理和手工业管理等方面。还有不少关于当时经济方面的封泥，如铁市丞印、西盐、西采金印、栎阳右工室丞、雍工室印等，反映出当时秦对盐、铁、纺织等手工业的重视及当时手工业的分工状况。

在这批秦封泥中，还发现了大批秦时的地名，既有当时的都城名，又有当时的郡名和县名等，是研究当时历史地理的第一手资料。有些地名为我们过去所见到，有些则是新资料，例如翟道、胸衍道丞和溥道丞印显然是当时秦设在少数民族中的县级机构。这对于重新解读秦代官僚机构和中国县域发展史等，均具有重要的学术和现实意义。

这批封泥的发现又为我们提供了秦汉玺印和封泥的断代标准，为研究秦文字和玺印制度提供了第一手的资料。

郑国渠——从"疲秦计"到"强秦策"

在帝都咸阳的北边，有一条大型人工水利工程——郑国渠，为秦的统一大业提供了充足的粮食。秦国向东方扩张，韩国首当其冲。在战国七雄中，韩国的疆域最小，政治改革成效较差，又处于各个强国之间，所以从来不曾强大到足以独自抗衡其他大国的地步。随着大国之间关系的变化和兼并战争的激化，韩国不断受到周边国家的侵扰、蚕食而国力日削。秦王政即位以后，韩国已经势如累卵，随时有被灭亡的可能。为了令秦国无暇东顾，使韩国避免亡国之祸，韩国君臣经过深思熟虑，想出了一个"疲秦之计"，即韩王派遣间谍郑国来到秦国。郑国是一位著名的水利专家，经过实地考察，建议为秦国开凿一条引泾入洛的大型人工水利工程。由于这个建议具有合理性、可行性，所以被秦王政采纳。但当工程进行之中，郑国的身份和间谍使命被发觉。秦王政勃然大怒，欲杀郑国。郑国坦然相告："始臣为间，然渠成亦秦之利也。"秦王政以为然，令他完成此渠并命名为"郑国渠"。

水利是农业的命脉。郑国渠渠首起于泾阳瓠口（今陕西泾阳），引泾水东注洛水，长达"三百余里"。这一带地形特点是西北略高、东南略低。郑国渠充分利用这一有利地形，使干渠沿北面山脚向东伸展，很自然地把干渠分布在灌溉区最高地带，不仅最大限度地扩大灌溉面积，而且形成了全部自流灌溉系统，可灌田4万余顷。同时从泾河流入郑国渠来水中含有大量泥沙，不仅可以用来抗旱，而且有改造盐碱地之效，从而使得"关中为沃野，无凶年，秦以富强，卒并诸侯"。正所谓"为韩延数岁之命，而为秦建万世之功"（《汉书·沟洫志》），郑国渠在秦的统一中发挥了极为重要的作用，本为"疲秦计"的郑国渠却在因势利导之下成为"强秦策"。郑国渠也因其不同寻常的价值，已经被联合国教科文组织评定为"世界灌溉工程遗产"。

秦 始 皇 帝

秦 始 皇 帝 像

引自王圻、王思义《三才图会》，上海古籍出版社 1988 年版

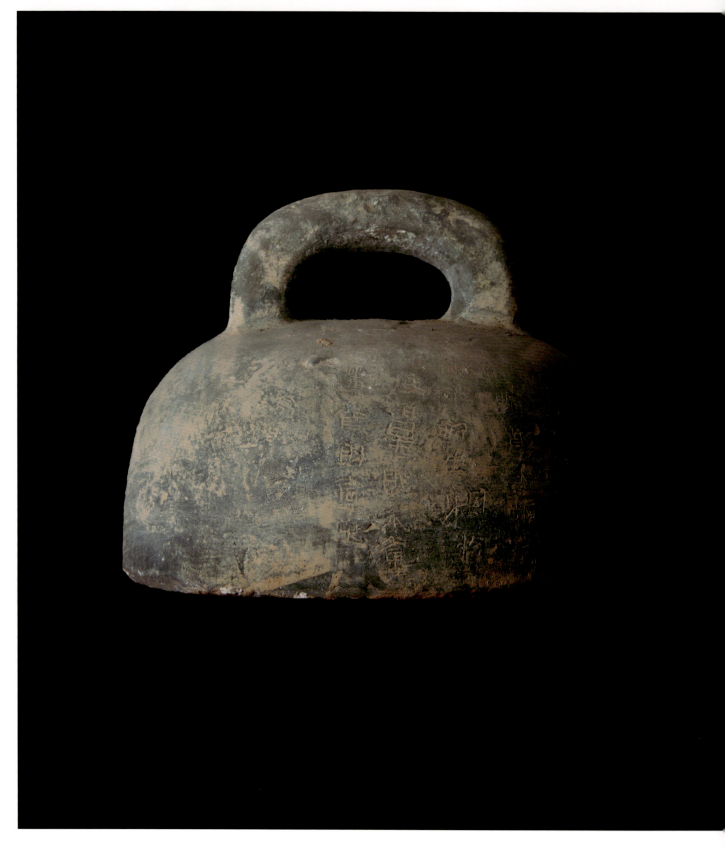

青铜高奴禾石权

年代：秦（前 221 — 前 206）
阿房宫遗址出土
秦咸阳宫遗址博物馆藏

两诏铜方升

年代：秦（前221 — 前206）

用途：量器

陕西历史博物馆藏

"半两"铜钱

年代：秦（前 221 — 前 206）
西北大学博物馆藏

"郢爰"金币

年代：战国（前 475 — 前 221）
西安市北郊六村堡出土
陕西历史博物馆藏

楚国"陈爰"金币

年代：战国（前 475 — 前 221）

咸阳市窑店镇路家坡出土

咸阳博物馆藏

郑国渠渠首遗址

公元前230年 灭韩
公元前228年 灭赵
公元前225年 灭魏
公元前223年 灭楚
公元前222年 灭燕
公元前221年 灭齐

秦统一六国图

引自陕西历史博物馆

乐府丞印

西安唐皇城墙含光门遗址博物馆藏

泰仓丞印

西安唐皇城墙含光门遗址博物馆藏

内官丞印

西安唐皇城墙含光门遗址博物馆藏

脊瓦

年代：秦（前 221 — 前 206）
西安市临潼区秦始皇陵园出土
陕西历史博物馆藏

六

帝 都 礼 制 建 筑

秦 人 的 精 神 世 界

先秦时期是崇尚鬼神、敬仰祖先的时代，研究其礼制建筑、祭祀形式，有利于了解当时的社会政治制度、意识形态。《左传》云："国之大事，在祀与戎。"即祭祀和战争是当时国家政权的两项根本任务，因此祭祀活动在古代人们生活中是须臾不可分的。对于统治者来讲，祭祀更是国之大事，也是统治者维持统治的方法，万万马虎不得。所以，作为古代政治中心的都城，必然成为宗庙祭祀建筑的集中地。

随着国家的出现，宗教和祭祀愈益受到重视。反映商王朝文明的甲骨文和青铜器都与祭祀有着密切的关系。周王朝更是制礼作乐，作为维护其统治的法宝。

秦文化继承周文化而来，虽然秦人信奉法家、提倡功利主义，但对礼制建筑的修建也非常重视。秦人在相当程度上继承了西周以来的礼制传统，包括周人祭祀天帝和宗庙社稷的做法，同时又有一定的发展，形成了自己的特点。

秦都城中的礼制建筑，比较重要的是郊祀、宗庙和社稷。

1. 郊祀

顾名思义，郊祀一定是在都城的郊区对天（上帝）进行祭祀。《汉书·郊祀志》云："帝王之事莫大乎承天之序，承天之序莫重于郊祀。"秦人的祭天活动，主要的地点在都城附近。

秦人从民间到官方都是多神崇拜的，因此其祭祀对象也非常复杂，上自天界的各种神灵，下至自然界的万物、鬼怪，以及宗祖。从畤的设置来看就是如此。"畤"是秦人祭天建筑。对于"畤"的本义，《史记·封禅书》如此解释："高山之下，小山之上，命曰'畤'。"可以看出"畤"应为在高山之下、小山之上建立的祭天的建筑，其形制应该是封土为坛。这也是中国最早的祭天建筑，后来发展为上有房子的建筑，北京的天坛应该就是畤用来祭天这种形式长期发展演变的结果。

畤文化是秦人独创的，即围绕畤所发生的一系列文化现象，其核心是秦人祈求神灵能够给予他们恩赐和保护的崇神思想。畤的祭祀方式与周人的宗教礼仪形式不同。西汉以后，这种畤文化的称谓便随即告终。

秦人祭天的传统是非常悠久的，始于秦襄公时期。《史记·秦本纪》云："襄公于是始国，与诸侯通使聘享之礼，乃用骝驹、黄牛、羝羊各三，祠上帝西畤。"西畤应在甘肃省礼县永兴乡大堡子山附近一带。自襄公设立西畤开始，畤祭这一祭祀活动开始在秦地兴盛起来，随后陆续有秦文公、宣公、灵公、献公等的畤祭活动。

祭天本是天子礼仪，襄公以诸侯行郊天之礼，所以后人多认为这是一种僭越礼制的行为。襄公时创立的祭天传统，到建都栎阳后，得到继承，又在栎阳设立畦畤，雍城和咸阳时得到发扬光大。雍城礼制建筑多有修建。因此在秦人的心目中，雍城有着崇高的地位，"自古以雍州积高，神明之隩，故立畤郊上帝，诸神祠皆聚云"（《史记·封禅书》）。秦人祭上帝，立有"四畤"，故称为"雍四畤"。

西畤、鄜畤、畦畤祭祀的对象是白帝，这是因为白帝是西方的少昊神，与秦人发展壮大于西方有密切关系。这三畤中鄜畤在雍地，所以鄜畤就成了最频繁的祭祀场所。史载文公时期以牛、羊、豕作为祭品，在鄜畤举行了隆重的祭祀活动。德公徙都雍城时，第一件大事便是用牲牢祭祀鄜畤，不但规模超过了以前，而且从此使雍地诸畤祭祀活动日趋活跃。密畤祭祀的对象是青帝，青帝是祭祀东方神太昊。

到秦灵公时，置吴阳上下两畤，其祭祀对象是黄帝和炎帝。在传说中，炎帝与黄帝都被视为华夏民族的始祖。之所以开始炎黄合祀，是因为炎黄二帝在人们的心目中开始占有了崇高的地位。

秦人祭祀白、青、黄、炎四帝的四畤，为后代五郊坛（祭白、青、黄、赤、黑五帝）之滥觞。秦人祭上帝的做法，实质上是对周人祭天传统的继承。可以看到，阴阳五行观念已经在秦人的祭祀礼仪中有所体现。不过，秦人的祭天也有自己的特点，他们重视到西方去祭天，上帝中最受崇拜的也是主西方的白帝。这种情况一直沿袭到秦始皇更秦命为"水德"为止。后来，汉高祖刘邦在秦代雍四畤的基础上，增设北畤，祠黑帝，形成西汉初年的"雍五畤"。自此以后，五帝的祭祀，历朝都成定制。

秦孝公十二年迁都咸阳后，在咸阳周围也建成了郊祀的场所。尽管如此，秦王仍然到雍城去郊祀。秦始皇时期，祭祀天（上帝）已成定制，即三年一郊，时间在十月上宿，地点在咸阳之郊，由皇帝亲自行礼，称为"郊天"。郊天时衣尚白，"通权火"（即燔烧柴草用以照明），仪式如常祀。秦始皇对都城咸阳郊天的重视，已超越对西畤、鄜畤的祭祀，并不再亲自前去祭祀。到秦二世时期，郊祀之礼仍然继续不断。汉代的皇帝也常常到雍城五畤进行祭祀活动。

2. 宗庙

先秦时期宗庙之类的礼制建筑，古时的记载很多。《史记·秦始皇本纪》云："先王庙或在西、雍，或在咸阳。"据记载秦人在各地所立的祀庙，总计约有 200 所。直到秦始皇行冠礼时仍然要到雍城宗庙中去进行，可见其宗庙的重要性。

在秦都雍城，考古人员已发现了秦的宗庙遗址。目前在此发现了四座宫殿遗址，其中的马家庄一号建筑群就是一座包括祖庙、昭庙、穆庙、祭祀坑等在内的一座较完整的大型宗庙遗址。

这是唯一一个考古发掘出来保存较完整的大型先秦礼制建筑，也是迄今发现规模最大的先秦礼制建筑。其发现无疑对探讨先秦时期宫室宗庙制度、祭祀仪式有重要的意义。

秦都咸阳的宗庙，主要包括秦始皇及其以前所修的"诸庙"和秦始皇时期新修、秦二世定名的"秦始皇极庙"。秦都咸阳的宗庙位于都城的渭河以南地区。《史记·秦始皇本纪》云："诸庙及章台、上林皆在渭南。"秦始皇极庙建于始皇二十七年，原名"信宫"，竣工后旋改名为"极庙"。秦始皇之所以将信宫改为极庙，正是采用了"上林皆在渭南"，以表现其丰功伟绩，君权来自天授。秦始皇去世后，秦二世将极庙改为始皇庙。极庙应在渭南的诸庙附近。秦在渭南诸庙有七个，故而贾谊《过秦论》云："一夫作难而七庙堕。"七庙被毁即等同于王朝的覆灭。

3. 社稷

在中国礼制史上，对社稷的祭祀源远流长。考古实物所见的社稷遗址，有江苏铜湾商代的"社"及郑韩故城中郑国"社"的遗址。社，仿佛城隍庙和土地堂，无论大都小邑，都有社庙，上自天子，下至庶民，都有他们的社，再加上人民须臾不能离开的粮食"稷"，"社稷"二字便常常成为国家的代名词。这种观念在秦人的心目中也是如此。

秦统一以后，有"立社稷"之举。当年李斯受到赵高的诬陷，李斯向二世上书表功，其中就有"立社稷，修宗庙，以明主之贤"一项。秦社稷遗址迄今尚未发现。

4. 礼制建筑的特点及其影响

秦都城的礼制建筑在中国历史上具有承上启下的作用。从秦建国到秦灭亡，经过春秋、战国及秦统一三个时期，前后近600年，因此其礼制建筑既有吸收春秋、战国时期各国礼制建筑的成分，也有统一以后自己创造的成分。

《礼记·曲礼》云："君子将营宫室，宗庙为先，厩库为次，居室为后。"宗庙之所以成为古代都城布局的中心，是因为古代社会是以宗法制为核心的，宗主要巩固其统治地位，就必须加强本宗族的团结，而宗庙正是维系这种团结的纽带。因此宗庙不仅是这种血亲关系的象征和本族人心目中的神圣殿堂，而且是族权和政权相结合的象征，国家的主要祭祀活动都在此进行，宗庙自然成为统治中心之所在。

雍城在秦都发展史上有承上启下的作用，它上承夏商西周，下启秦汉。宗庙与宫室已经形成两个独立的建筑，也都位于雍城的中部南北轴线的两侧，说明这时秦人已把宗庙和宫室看得同等重要，也说明人的地位上升，宗庙再不像以前那样处于至高无上的地位。到了秦统一前后的咸阳，宗庙的地位已降至次要，宫室建筑处于主要的地位，七庙位于咸阳宫南面。

到了秦始皇时，"乃营作朝宫渭南上林苑中，先作前殿阿房，东西五百步，南北五十丈，上可以坐万人，下可以建五丈旗，周驰为阁道，自殿下直抵南山，表南山之颠以为阙，为复道，自阿房渡渭，属之咸阳，以象天极，阁道绝汉抵营室也"（杜牧《阿房宫赋》）。可以看到宫室的重要性，"重天子之威"的思想已完全体现出来，朝宫修在都城的最南面。到汉的未央宫也是如此，其宗庙位于宫城的南面。

秦的宗庙、社稷和郊坛等礼制建筑与人君朝寝所用的宫殿建筑已有明确的区分，而非所谓的"宫庙不分"。不但如此，宗庙、社稷和郊坛，也开始从宫城内挪到了宫城之外，这成为以后的礼制建筑的传统。

历代学者都以秦"焚书坑儒""以吏为师"、灭学废礼而责难秦，认为"孔子西行不到秦"（韩愈《石鼓歌》），儒家思想在秦国没有市场。实质上并非如此，秦人是功利主义者，在尊重法家的同时，对于其他各家思想，只要有利于其统治的都予以采纳，因而对于维护统治有作用的儒家礼制思想也在秦国得到实行。也正因为如此，秦都城中的礼制建筑在其建设中均体现出这些方面。

秦统一以前，诸侯纷争，礼崩乐坏。秦始皇完成大一统以后，兼采六国礼仪，形成秦代的礼仪制度。《史记·礼书》载："至秦有天下，悉内六国礼仪，采择其善，虽不合圣制，其尊君抑臣，朝廷济济，依古以来。"从这方面讲，秦始皇在中国礼制史上是有贡献的。后来汉高祖以秦博士叔孙通定礼仪，"大抵皆袭秦故，自天子称号下至佐僚及宫室官名，少所变改"（《史记》）。后世多沿用秦礼制，比如秦推崇五德终始，后世多加沿袭；秦人祭祀五帝，汉代因袭而完善之；秦始皇行封禅大礼，定名山大川之祀，汉武帝有过之而无不及。

葵纹瓦当

年代：秦（前221—前206）

咸阳博物馆藏

云纹瓦当

年代：秦（前221—前206）

咸阳博物馆藏

环带纹簋

年代：春秋（前 770—前 476）

凤翔县孙家南头出土

宝鸡青铜器博物院藏

重环纹铜鼎

年代：战国（前 475—前 221）
陕西历史博物馆藏

凤纹铜扁壶

年代：战国（前475—前221）

乾县出土

陕西历史博物馆藏

七

帝都苑囿

帝王狩猎之地

我国素有"世界园林之母"的称号，是世界园林的故乡，而我国古典园林的奠基时期在秦汉。园林从苑囿发展而来。秦代的苑囿融山水、花木、建筑为一体，是中国古典园林的雏形，研究秦的苑囿对于研究秦的建筑史、文化史、园艺史均有重要的意义。

苑囿的修建是都城建设中必须规划的部分，历朝历代都是如此，在都城附近都会修建庞大的苑囿，供帝王休闲狩猎。

古代的苑囿就是现在的园林。我国的园林，如从历史上溯源的话，当推古代的囿和园。许慎《说文解字》曰："苑，所以养禽兽也。""囿，苑有垣也。"周代称为囿，以困养野兽进行射猎为主。我国第一个囿出现于商纣王时，"益广沙丘苑台，多取野兽蜚（飞）鸟置其中"。商代以后，囿的建造专门化了，除了射猎活动，并在其中建宫设馆，还增添了帝王寝居及观赏动物、植物、山水等自然景色。周文王在丰京修了灵沼、灵台、灵囿，"方七十里"。到秦时，改囿为苑或苑囿，现在人们还习惯以苑囿称呼古代帝王园林。

1. 帝都附近的苑囿

苑囿是人们对自己所居处和游玩的自然环境的选择和创造，它离不开原有的环境，因而许多苑囿乃建在天然形胜之地。秦代的苑囿大多建在关中地区，因为关中地区秦时的自然条件是优越的，为苑囿中的造景创造了良好的条件。

第一，有优越的气候。秦汉时关中地区温暖湿润，据著名气象学家竺可桢研究，秦汉时关中的气候比现在年平均气温要高出 1.5℃—2℃。清初学者张标根据《吕氏春秋》一书提供的物候材料，指出秦时春天的来临要比清初早 3 个星期。若以《吕氏春秋》和《淮南子》等书提供的节气物候与现在西安的节气物候作比较，可以发现当时桃始花和燕始见的时间比现在要早 1 个月左右，因此那时南方的一些植物可以在此生长，动物可以在此繁衍。

第二，关中地区南有秦岭山脉，北有九峻、嵯峨等山脉。苑囿中有山可表现出崇高之美，因其高峻，容易引起人们注意，人们可以登上顶峰，极目四望，借来各处远景，在有限中看到无限，扩大了整个苑囿的空间，使人心旷神怡。有山即有谷，谷中的风景也是妙趣横生。特别是南面的终南山，气势高大雄伟、林木繁茂，尤其是雨后天晴，站在山下遥望，层峦叠嶂，苍翠无际。正因为如此，秦上林苑则以终南山为南边的界址。

第三，关中一带水源充足。水为苑囿中不可或缺的因素，水面能产生倒影，将四周亭榭楼台观映现在水中。水是万物生长之本，苑囿之中之所以有茂盛苗壮的花草、林木、飞禽走兽，都与水有不可分割的关系。"荡荡乎八川分流"，东有灞河、浐河，西有沣河、涝河，南有潏水、滈水，北有渭水、泾水。

第四，关中有许多高而平的原，如白鹿原、铜人原、风凉原、龙首原、乐游原、凤栖原、鸿固原、少陵原、细柳原、高阳原、咸阳原等。原与原之间形成条条川道，水流而过，风光旖旎。其中以长安城南的樊川最为有名，秦汉时它就是著名的风景胜地，长 15 余千米，河纵贯其中，清流沃野，风光明丽，极富情趣，怪不得秦阿房宫"络樊川以为池"（《三辅黄图》）。

总之，当时的关中地区正如《荀子·强国篇》所云："山林川谷美，天材之利多。"

秦的苑囿较前代又有了较大进步，不仅苑囿的数量增多，而且规模更大。秦昭王时已有五苑，当时，秦国遭遇饥荒，应侯范雎向秦王请求将五苑中的物产发放给灾民："五苑之草著、蔬菜、橡果、枣栗，足以活民，请发之。"（《韩非子》）代秦而立的汉王刘邦在进入关中之后，所采取的一项利民措施，就是将"诸故秦苑囿园池，皆令人得田之"。可见秦苑囿的规模庞大，物产丰富。到了秦始皇时期，由于国力的强大，秦始皇甚至有过将数百里关中大地变为一个大苑囿的想法，"欲大苑囿，东至函谷关，西至雍、陈仓"（《史记·滑稽列传》）。由于优旃的谏言才改初衷。

帝都咸阳附近苑囿众多，有上林苑、宜春苑、梁山苑、骊山苑等。

上林苑

秦上林苑修建的确切时间不得而知。《三辅黄图》云："阿房宫，亦曰阿城，惠文工造，宫未成而亡。"又据《史记·秦始皇本纪》云："作朝宫渭南上林苑中，先作前殿阿房。"阿房宫即朝宫，是秦始皇时修建的，因此至迟在秦始皇时即有上林苑了，秦新出土封泥中就有"上林丞印""上林郎池"等印。

秦上林苑的范围到宋代时已经无法搞清，据宋人程大昌《雍录》云："秦之上林，其边际所抵，难以详究矣。"我们只能根据旁证材料推测其大概四至。其西边到了周至；南边到终南山，这是因为阿房宫在上林苑中，而阿房宫"表南山之巅以为阙"，南山即终南山。北起渭水，一则因为阿房宫的北边已近渭河边，二则可以借助渭河增加自然之美。东最远到宜春苑，因为秦时在今曲江池一带有宜春苑。从其四至来看，秦上林苑的规模很大。汉上林苑即在秦上林苑基础上扩建而成。

秦上林苑中宫殿台观很多，朝宫（阿房宫）就是秦始皇在上林苑中修建的规模最大的宫殿群。修建朝宫除了国力强大、人口增多、咸阳宫太小的原因，还与秦始皇为了装饰上林苑有关。上林苑由于有这样一个富丽堂皇的建筑群，使它增辉不少，这样皇帝既可在此狩猎，又可在此会见朝臣，处理国家大事。四周有阁道，向南直抵终南山，规模宏伟，离宫别馆弥山跨谷。

秦上林苑中还有长杨宫、长杨榭、射熊馆。据《三辅黄图》云：长杨宫"本秦旧宫，至汉修饰之以备行幸，宫中有垂杨数亩，因为宫名，门曰射熊观，秦汉游猎之所"。"长杨榭在长杨宫，秋冬校猎其下，命武士搏射禽兽，天子登此以观焉"。《汉书·地理志》亦云："周至有长杨宫，有射熊馆，秦昭王起。"说明秦昭王时已在此建宫，筑射熊馆，作为秦王游猎之所。长杨宫、射熊馆遗址当在秦上林苑范围内，《雍录》云"长杨宫在上林苑中"，是秦专为狩猎而修建的离宫别馆。

秦上林苑利用长安八水的有利条件，修建了许多人工湖泊，犹如镶嵌在苑中的颗颗明珠。《长安志》云："秦王上林苑有牛首池，在苑西头。"还有在汉昆明湖之北的镐池，位于西周国都镐京城城内。《史记·秦始皇本纪》中记载在始皇三十六年，有使者从关东夜过华阴平舒道，有人拿着一块玉璧给使者并请求使者带封信给镐池的水神"镐池君"。还有樊川，阿房宫"络樊川以为池"。

秦上林苑林木繁茂，鸟语花香，秦统治者"穷四方之珍木"于苑中。可谓遍地皆花草，浓香布野，繁花似锦。

秦上林苑还专门为禽兽修圈，并在旁筑观，供人观赏射猎。《三辅黄图》记载了魏国侠客朱亥在秦国的猛兽圈中吓退猛兽的传奇故事："秦王召魏公子无忌，不行，使朱亥奉璧一双，诣秦，秦王怒，使置亥于兽圈中，亥瞋目视兽，皆血溅于兽面，兽不敢动。"既云兽圈，里边肯定有各种野兽。《长安志》引《汉宫殿疏》云："秦故虎圈，周匝三十五步，去长安十五里。"其具体位置当在灞河以西，昆明渠址以北，在今北辰堡一带。

宜春苑

宜春苑修建于今西安东南的曲江池地区，这个地区秦时称为隑（古同"碕"，指曲岸）州，风景秀丽，秦二世死后，就埋葬在此地，二世皇帝"葬杜南宜春苑中"。这里有巍峨壮丽的宫殿，有茂密的山林竹木，有曲江水景，山水俱佳，景色秀丽，地形优越，是理想的苑囿之地，因而秦统治者均在此修宫殿，造苑囿，游玩打猎。宜春宫就是作为游猎的歇息地而建的，在此基础上再修建宜春苑。宜春苑遗址据《三辅黄图》云："宜春宫，本秦之离宫，在长安城东南杜县东，近下杜。"在宜春苑中应包括"杜南苑"，秦新出封泥中有"宜春禁丞""杜南苑丞"等。

梁山苑

梁山苑因梁山宫而建。宫因梁山而得名，梁山即今天乾县之梁山，此宫建于秦始皇时期。此宫建造华丽、富丽辉煌，因而《长安志》引《三秦记》云："梁山宫城皆文石，名织锦城。"

梁山宫山形水胜、环境优美，而且夏季凉爽，是一处避暑胜地。当时秦始皇在此修梁山苑，因而皇帝和大臣常去这里游玩。据《史记·秦始皇本纪》云："（秦始皇三十五年）幸梁山宫，从山上见丞相车骑众，弗善也。"由此看出，当时秦始皇幸梁山宫时，还亲自登梁山进行游乐射猎，其大臣亦可在山下游玩，因而此地一定有梁山苑存在。梁山宫幸免于项羽的一把火，西汉时犹存。在梁山周围有几个秦离宫遗址，当与梁山苑有关。

骊山苑

骊山从西周开始便是帝王们的游猎休闲之地，秦始皇时期也在此筑离宫——骊山汤，建造骊山苑，经常来此沐浴狩猎游玩。

在苑囿中，狩猎是古代帝王一种豪华的享乐方式，"强弩弋高鸟，走犬逐狡兔，此其为乐也。"（《淮南子·原道训》）早在秦文公时，"三年，文公以兵七百人东猎，四年，至汧渭之会"（《史记》）。可以看出当时狩猎的规模相当可观。秦昭王以后，王室为了打猎，专门发明一种既安全又能游猎的专用工具射虎车，虽名射虎车，对于其他野兽也用之，而且制定了很详细的法律。国王出猎由公车司马随从。所谓公车司马，据《汉官仪》称其为汉时国王的卫队。汉承秦制，秦时也应该如此，常随秦王出外游猎，一则保卫王室的安全，二则打猎供皇帝欣赏。《史记·秦始皇本纪》云："如始皇计，尽征其材士五万人为屯卫咸阳，令教射狗马禽兽。"材士即有技艺的兵士。到秦始皇、二世皇帝时，出猎的规模更大、次数更多。

关于秦苑囿中禽兽的来源，我们从文献资料中可以看出，一方面秦禁苑都用围墙或篱笆圈起来，而苑囿中林木繁茂，花草众多，沟壑纵横，为禽兽的栖息繁衍创造了条件；另一方面是专门豢养的。从苑囿外捕捉一些，放入兽圈、狼圈、射熊馆中，以供观赏射猎取乐。加之当时关中一带较现在气候温暖湿润，南方的动物也可在此生长繁衍，更增加了禽兽的种类。

秦苑囿还设有许多严格的管理制度。关于苑囿的修建，据《睡虎地秦墓竹简·徭律》载：当时县一级政府应维修禁苑及牧养牛马的苑囿，征发徒众为苑囿建造堑壕、墙垣、藩篱，并加以补修，修好即上交苑吏，由苑吏加以巡视，不满一年而有毁缺，令此县重新征发徒众建造。秦还专门制定《厩苑律》，制定了牛马户口的登记、注销制度。对饲养牲畜，从饲料的征收支付到牲畜的评比饲养的优劣等都有明确的规定，甚至对诸侯国牲畜入境的检疫也有立法。

从秦苑囿的相关记载中，我们可以看到秦人也很重视生态和自然环境的保护，尤其是都城咸阳周边。《吕氏春秋》指出从孟春到夏季各月"禁止伐木""无焚森林""毋伐桑柘""无伐大树""无烧炭"，对于一般林木尚如此保护，那么作为皇家苑囿的林木花草就更不用说了。

在《云梦睡虎地秦简》中有《田律》，也是中国迄今发现最早的环保法律条文，其中明确规定了对森林资源的保护：早春二月时，不能到山林中砍伐树木；不到夏季七月，不能烧草以及摘取刚发芽的植物；不许捕捉幼鸟幼兽，不能毒杀水生动物，也不能用陷阱或网捕捉野生动物及鸟类。同时，对进入皇家禁苑内的狗，若不伤害动物则予以保护，若伤害动物，则毙之不怠，直至食其肉而仅留其皮毛。可见，秦时对动物的保护法令是相当完备的。

2. 秦苑囿的特点及其影响

秦苑囿在中国苑囿发展史上具有承前启后的作用，是一个重要的发展阶段，具有以下特点：

依山而建，山形水胜

秦苑囿均建在山形水胜之地。关中地区环境幽雅，气候温暖湿润，又是山形水胜之地，如上林苑依终南山而建，梁山苑依梁山而建，长安八水对于点缀苑囿之美起了重要作用。这种建筑方法是秦造园家们的创造，在山形水胜之处建苑，除了环境幽雅，还节省材料和劳动力，这就摒弃了先秦时期只能利用自然的情况，已开始改造自然，将著名的山水包括在苑中。能工巧匠利用自己的聪明才智，巧妙地把大自然的风景浓缩在一个有限的空间里，使人从中欣赏到大自然的奇峰、异石、流水、湖面、奇花异草、珍禽异兽，再加上亭台楼阁，人在其中犹如生活在图画中一样。

规模宏大，功能众多

秦苑囿规模远远大于商周时代，特别是秦始皇统一全国后，由于国力的强大，大兴土木，扩大苑囿。苑中离宫别馆，弥山跨谷，富丽堂皇，雄伟壮观。先秦时期的苑囿，是以动植物为主要内容的休憩狩猎场所，秦的苑囿有了很大发展，苑囿的功能很多。如秦上林苑，是一个包罗万象的综合性园林，它的功能包括狩猎、祈祷求仙祭祀、听政受贺、居住游园、欣赏奇花异草和奇禽怪兽等。

宫苑结合

秦苑囿已形成了宫苑结合的特点，这是由于当时政治上实行中央集权制的高度统一。皇帝政务繁忙，于是为了免于皇帝到处奔波，便在苑中修建皇宫，作为皇帝处理政务之所，这样就把皇帝处理政务、饮食起居、游乐玩赏集中在一起。这种制度到汉唐更加完备，形成"庖厨不徙，后宫不移，百官备具"（《上林赋》）的局面。

影响深远

秦苑囿的建造，特别是上林苑达到了前所未有的水平，对我国苑囿发展影响深远，有许多造园艺术被后代继承下来，如上林苑，为汉代所沿用，南朝刘宋在玄武湖北岸也建有上林苑。

玉首铜剑

年代：战国（前475—前221）

用途：兵器

凤翔县彪角镇瓦岗寨村出土

凤翔县博物馆藏

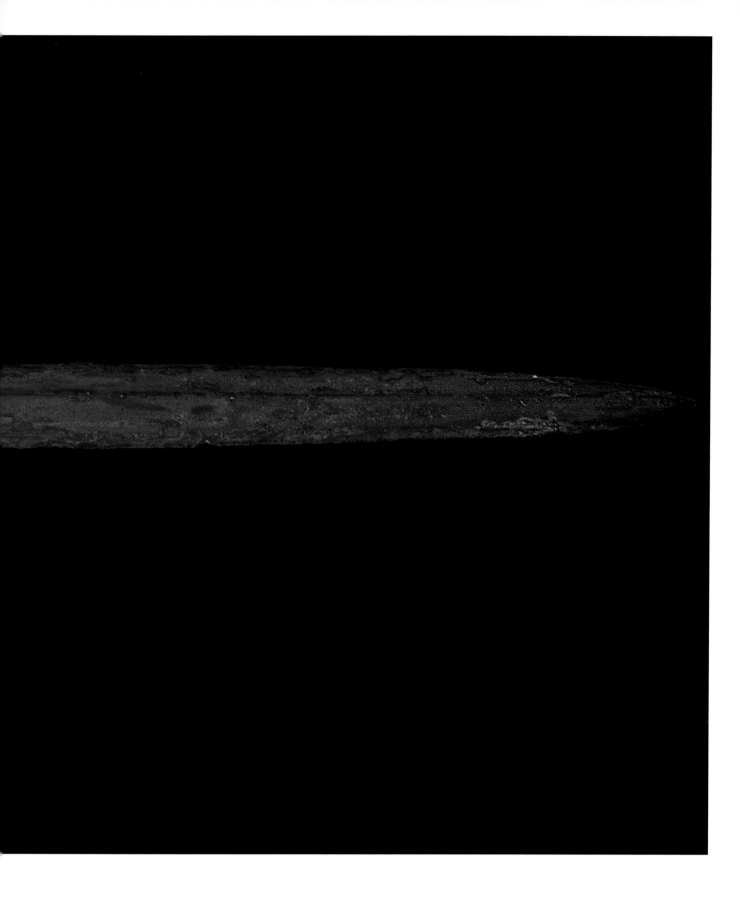

八

壮 哉 始 皇 陵

帝都咸阳的再现

咸阳作为秦都城的历史有 144 年，因此在咸阳周围也埋葬着从秦惠文王到秦二世共七代国君陵墓，分布在咸阳都城的西北方的毕陌陵区（秦惠文王、武王陵）到东南方的秦东陵和秦始皇陵。随着秦的国力日益强大，陵墓的规模也越来越大，陵园中的设施也日益健全。咸阳陵区是秦公帝王陵区中规模最大、设施最为齐全的一个，尤其是秦始皇陵，不仅在秦公帝王陵墓中首屈一指，而且对汉代乃至后世的帝王陵墓都产生了一定影响。秦始皇陵按照"事死如事生"的礼制设计。如果说帝都咸阳是秦始皇生前生活、居住和办公的地方，那么秦始皇陵则是他去世后管理地下的司令部。

1. 秦始皇的祖陵——秦东陵

秦东陵坐落于帝都咸阳以东的西安市临潼区韩峪乡东部骊山西麓，南起洪庆沟，北至武家沟，总面积约 24 平方千米。

何以称为东陵？这是与位于关中西部的秦雍城的秦公诸陵相对应的，因此也可以把礼县和雍城的秦公陵园称为"西陵"。也有人认为"东陵"也只是就秦都城咸阳后出现的秦陵葬区而言，是相对于咸阳的毕陌陵区而早就有的历史称呼。东陵的最早文献记载见于《史记·萧相国世家》："召平者，故秦东陵侯。秦破，为布衣，贫，种瓜于长安城东，瓜美，故世俗谓之'东陵瓜'，从召平以为名也。"从而说明先有东陵，后有东陵侯。秦亡后，东陵侯开始在长安城以东种瓜，现西安东灞桥区与临潼区斜口乡交界处有邵平店村，即昔日召平种瓜处。秦东陵所在地就在今邵平店之南。直到宋代的咸宁县，仍设有"东陵乡"。

秦东陵所在地为秦时芷阳县所在地，故史书多记载"葬芷阳"。从文献记载来看，芷阳是一个大的国君墓葬区，埋葬着秦悼武王以后到秦始皇之前的昭襄王、秦始皇的祖父孝文王、秦始皇的父亲庄襄王、宣太后等秦时著名的人物。考古工作者已对秦东陵进行了长期详细的勘探，在此发现了四个陵园。共发现"亞"字形墓葬 3 座，"中"字形墓葬 4 座，"甲"字形墓葬 8 座。

一号陵园依山坡而建，地处骊山西麓的坂原地带。其范围南至小峪沟，北到武家坡村南无名沟，西界洞北村的小峪河，东达范家庄的人工壕沟。平面呈长方形，面积 72 万平方米。考古工作者发现了两座"亞"字形的大墓。这两座大墓按当时礼制是属于天子级别的墓葬，但由于当时的秦国处在统一前夕，对东方的战争中所向无敌，秦人便僭越礼制；另外，当时的周天子已名存实亡，秦便以老大自居。两座大墓墓顶上有封土堆，经钻探得知，其中的一座墓室略呈正方形，南北长 58 米，东西宽 57 米，四个斜坡形墓道，东墓道和北墓道的右壁各有一耳室；另一座的墓室也近方形，东西 58 米，南北 56 米，四个斜坡墓道。在距地表 14 米以下有四层青膏泥与木炭相间达 11.4 米，可见防护之严密。

2011 年 1 月 12 日，秦东陵一号陵园被盗案告破，根据现场勘查，墓室为方木砌筑的"黄肠题凑"结构，保存状况较佳，追回被盗出土文物 11 件。经鉴定：1 件"八年造"漆木高足豆为国家一级文物，3 件漆木高足豆底座和 7 件漆木简均为国家三级文物。这些被盗出的文物具有非常重要的科学、历史、文化、艺术价值。特别是刻有"八年相邦薛君造"铭文的漆木高足豆更是弥足珍贵，印证了齐国人孟尝君曾在秦昭王时任相秦国的史实，也成为确认被盗陵墓主人的重要物证之一。

从目前的考古资料和文献资料来看，一号陵园可能是秦昭襄王，即秦始皇的曾祖父嬴稷和其王后唐太后的陵园。

二号陵园位于一号陵园的东北方向 1500 米处，即韩峪乡范家村北、骊山西麓坂原之上。陵园东自北沟村，西到枣园村，南至三家村北无名沟，北达武家沟；东西长 500 米，南北宽 300 米，总面积 15 万平方米；有"中"字形大墓 1 座、"甲"字形大墓 3 座、陪葬坑 1 座、陪葬墓区 2 处和地面建筑遗址 1 处。二号陵园的墓主暂时不详。

三号陵园位于一号陵园西北约 1500 米，面积约 10 万平方米，为一"中"字形墓葬，东西方向，西墓道略长于东墓道。陵园西、北两面利用天然沟壑为其兆沟，而东、南两面兆沟则为人工开凿。陵园原有破坏，被破坏处东西长 280 米，南北宽 180 米，面积 48400 平方米。三号陵园内有陪葬墓区 1 处，位于陵园东南，发现小型墓 4 座、建筑基址 2 处，在"中"字形大墓正北及正西处。三号陵园的墓主暂时不详。

四号陵园位于马斜村，与一号陵园隔河遥相对应，约距 2500 米，属骊山西麓的坂原地带。陵区的规模：东起马斜村，西至染房村，南抵井深沟，北到小峪河南岸。陵园内有"亞"字形墓 1 座、"中"字形墓 1 座、"甲"字形陪葬墓 2 座、小型陪葬墓群 1 处。四周有隍壕，北面为造陵时专门开挖的，东、西、南则利用天然壕沟。

2. 揭秘秦始皇陵

只要一提到秦始皇陵，许多人首先想到的是被称为"世界第八大奇迹"的兵马俑。其实，尽管这个拥有约 8000 兵马并且千人千面的陶俑军阵蔚为壮观，却远不是整个秦陵的核心。不论它作为大秦帝国所有军队的缩影，还是仅为地下京都的"宿卫军"，兵马俑坑只不过是陵区里已知的 180 多个陪葬坑中的 3 个而已，而且远在陵园的核心之外——地下宫殿以东 1500 米处。

秦始皇陵位于西安以东 35 千米的骊山北麓，南依美丽的骊山，层峦叠嶂，山林葱郁。北临渭水，逶迤曲转，银蛇横卧。高大的墓冢在巍巍峰峦环抱之中与骊山浑然一体，景色十分优美。

秦始皇陵规模惊人，其陵园面积 56.25 平方千米。在秦王政 13 岁刚一即位时便开始修建，直到他死时尚未修完，前后历时近 40 年之久，比世界上著名的埃及胡夫金字塔的修造时间还长 8 年，动用修陵人数最多时达 70 余万，几乎相当于修建胡夫金字塔人数的 8 倍。按照古代"事死如事生"的礼制，陵园仿照帝都咸阳建造，呈"回"字形，陵墓周围筑有内外两重城垣，陵园内城垣周长 3870 米，外城垣周长 6210 米，陵区内目前探明的大型地面建筑有寝殿、便殿、园寺吏舍、门阙等遗址。秦始皇陵的封土由夯筑而成，形成了三级阶梯，状如覆斗，底部近似方形，由于经过两千多年的风雨侵蚀和人为破坏，现存封土高度约 76 米。封土下的地宫是放置秦始皇棺椁和随葬重要器物的地方，是秦始皇陵的核心所在，两千多年来，深藏地下的地宫构成了秦文化中最大的谜团之一。

两千多年后的今天，考古和地质工作者利用遥感、地球物理探测技术等科技手段对地宫的外表进行全面的无损探查，确定了地宫就位于封土堆地平面下 30 米左右。地宫东西长约 170 米，南北宽约 145 米，主体和墓室呈矩形，墓室位于地宫中央，高 15 米，东西长约 80 米，南北宽约 50 米，墓室周围有巨大的夯筑宫墙，宫墙高度为 30 米，顶端比秦代当时的地面要高。墓室保存基本完整，地宫内有东西两条墓道。为了保持地宫的干燥，地宫周围还修建有一个规模浩大的阻排水系统。在物探过程中，工作人员惊奇地发现了地宫内有着大范围、含量较高的汞，从而验证了《史记》中有关秦始皇陵地宫内"以水银为百川江河大海"记载的真实性。陵墓中汞的使用，并不是秦始皇的发明，但使用如此多的汞却不是别人能做到的，汞据传说可以防止尸体腐烂，秦始皇陵中的汞还具有防盗的功能。

目前虽然在秦始皇陵区发现了 600 多个陪葬墓和陪葬坑，但这仅是秦始皇陵的冰山一角。由于秦始皇陵丰富的文化蕴藏，1987 年被联合国教科文组织评为"世界文化遗产"。

秦是中国历史上辉煌的一页，秦始皇陵更集中了秦文明的最高成就。秦始皇把他生前的荣华富贵全部带入地下，从而给我们现代人留下了一笔巨大的文化遗产，这里已成为全世界聚焦的地方。

（1）世界第八大奇迹——兵马俑

兵马俑陪葬坑，位于秦始皇陵园东侧 1500 米处，被誉为"世界第八大奇迹"，为研究秦的军事、政治、经济、文化、科学技术等，提供了十分珍贵的实物资料，成为世界人类文化的宝贵财富。

兵马俑坑有 3 座，均坐西向东，呈"品"字形排列，据勘探坑内有陶俑、陶马约 8000 件，还有数万件青铜兵器。坑内的陶塑艺术作品是仿制的秦宿卫军。陶制兵马俑则手握实战青铜兵器，分别组成了步、车、骑三个不同的兵种。

一号坑是目前发现的秦兵马俑坑中规模最大、最有气势的一个，全长 230 米，宽 62 米，总面积 14260 平方米。俑群的规模属于步兵阵和车兵阵，是当时战场上的主力军种，已经发掘出土修复的陶俑有 1000 多尊。根据估算，一号坑内可以出土兵马俑约 6000 余件。此外随之出土的还有战车、战马及数万件的各种青铜兵器。雄壮的气势、排列整齐的军阵，使每一个来到这里参观的人不禁感叹两千多年前的秦文明已经达到了很高的水平，也一定会想到两千多年前秦军与六国军队作战的壮观场面。这是世上无与伦比的地下军阵，站在一号坑前会使人感到一种强烈的震撼，酷似在一个阅兵台上检阅千军万马。

最前面的是前锋，210 多名武士俑，横列 3 队，手持弓弩，背负箭箙。后面紧紧跟随的是身穿铠甲的步兵，间杂着驷马战车组成 40 路纵队，从 11 条坑道里涌出。军队左右各有侧翼，末尾又有 3 列后卫。整个军阵布局严密，处于待发之势，令人联想到当年秦始皇金戈铁马、横扫六合、所向披靡的巨大声威。

二号坑是另一个壮观的兵阵，南北宽 84 米，东西长 96 米，是一个由车兵、步兵、骑兵组合的多兵种军队。其平面呈曲尺形，由四个单元组合而成。第一单元即曲尺形东端的突出部分，由手持弓弩的步兵组成，是一个弩兵阵；第二单元即曲尺形的南半部，是战车组成的方阵；第三单元即曲尺形的中部，是车步骑结合的一个长方阵；第四单元即曲尺形的北半部、弩兵阵的西部，是一个骑兵长方阵。可以看出，二号坑是一个由多兵种组成的集团军阵形。二号坑中陶俑突破了一、三号坑中均站端立正的形态，既有立射俑，又有跪射俑，还有骑兵，坑中陶俑内容好，形象好，是秦俑三个坑中的精华所在。二号坑的发现与发掘，解开了秦军不败之谜，即完整的军阵排列，分别集合了战车、骑兵、弩兵的综合编队，依靠骑兵之"速"来快速打击敌人，依靠弩兵之"守"来护卫部队，真乃攻防兼具，进可攻、退可守，让敌人难以捉摸，达到无懈可击的境界。

三号坑是三坑中规模最小的一个坑，只有 520 平方米，有 68 件陶俑。按三号坑中的位置和陶俑布置，其功能却远比一、二号坑更为重要，因为这里有军中统帅的营帐，按现今的部队编制就是我们常说的"司令部"，所有军事行动的命令都发布自这里。

秦兵马俑是中国文物中最受外国政要瞩目的，几乎每一位外国政要，只要到中国访问都会想来看看兵马俑。目前兵马俑博物馆已接待过来自世界各地的外国元首 200 余位，有著名的美国总统里根、克林顿，法国总统希拉克、马克龙，德国总理默克尔，俄罗斯总统普京，英国女王伊丽莎白二世等。戴在秦兵马俑头上的桂冠不胜枚举。"世界的奇迹，民族的骄傲""到西安而没去兵马俑，就等于没到西安""兵马俑的发现，可以算作世界第八大奇迹"。这样的具有代表性的称赞，分别来自两位享有声誉的国际政治家新加坡李光耀和法国希拉克之口。

然而不仅仅如此，无论你是第一次到西安，还是故地重游，兵马俑总会给你一种"看不够"的感觉。参观兵马俑给人们留下的只有两个字："绝"和"妙"。所谓"绝"就是指它是空前绝后的，也是绝世无双的；所谓"妙"，是指它简直就是秦国军事力量的缩影，无愧是横扫千军、吞灭六国的雄师。

精湛的雕塑艺术 ——"世界第八大奇迹"

兵马俑之所以引起海内外的巨大轰动，与其精湛的雕塑艺术分不开。秦兵马俑的雕塑艺术具有"大、多、精、美"的特点。所谓大，是指兵马俑的规模大、个头大。三个兵马俑坑占地面积达 20000 余平方米，气势非常壮观，身临其境，必使你感到千军万马、气吞山河的恢宏大气。

所谓多，是指兵马俑的数量多，三个坑全部发掘完毕，可出土陶俑陶马约 8000 件，仅一号坑就可出土陶俑陶马约 6000 件。

所谓精，是指每一个兵马俑都经过精雕细刻，栩栩如生，逼真生动。

所谓美，是指兵马俑是写实主义的杰作，雕塑者注意从每个俑的面部表情表现其喜怒哀乐，从而出现了千人千面的现象，使人们看后得到美的享受。

秦俑的雕塑是写实的，在春秋时期以前，王公贵族采用真人殉葬。后来随着社会的进步，陶俑逐渐代替了用活人殉葬。秦始皇一生好大喜功，南征北战，既然不能用活人活马为其殉葬，便要求其殉葬品同真人真马一样大，所以才出现了同真人真马一样大小的陶制兵马俑。既然反映的是当时的军事状况，就把秦时的各个兵种都展现出来。陶俑手中握的兵器都是实战性的兵器，至今寒光闪闪、锋利无比。秦兵马俑的写实主义特征表现在每个陶俑、陶马的细部雕塑上。兵马俑中有将军俑、武官俑、士兵俑、立射俑、跪射俑、驭手俑、骑兵俑等。由于官阶的不同，身上的雕塑也不同，这主要从其服饰上来区别。将军俑头戴鹖冠，身穿细密的鱼鳞铠甲，中级军吏头戴板冠，士兵则不戴冠，或戴巾帻。

将军俑都身材魁梧、气宇轩昂、老练沉着；中级军吏俑虽不如将军俑那样魁伟，但都果敢坚毅；士兵俑则千差万别，有的面带笑容，有的年轻稚气，有的则老练果敢。喜、怒、哀、乐从其面部表情表现得淋漓尽致。特别是跪射俑和立射俑，其造型别致新颖，跪射俑做蹲射状，右膝着地，左腿蹲曲，上体伸直，头略向左侧转，双手作持弓弩状。立射俑双足一前一后呈"丁"字形站立，前腿拱起，后腿立直，上体保持笔直，头和身略向左侧转，左臂半举，右臂横曲于胸前，做拉弓状，充分反映出当时士兵已做好战前的一切准备工作，只待将军一声令下，便万箭齐发，从而表现出一种静中欲动的感觉。

即使陶俑陶马很细小的部位也经过匠工的精心雕塑，如陶俑的胡须、头发都刻画得惟妙惟肖，连陶俑穿的鞋底部的针脚、陶马口中的牙齿都刻画出来，给人一种非常真实的感觉。陶马的雕塑也十分成功，同真马一样大小的陶马雕塑难度更大。秦俑坑中出土陶马数百匹，既有拉车的战马，又有骑兵用的鞍马。马的造型非常传神，栩栩如生，马四蹄着地、劲健有力，马头仰起，两耳前竖，张口嘶鸣，剪鬃缚尾。匠工雕塑时既注意粗线条的概括，又注意各个细小的部分。骑兵用的鞍马马背上雕有鞍鞯，肚下雕有肚带。尾巴编成三股长辫形，造型富有活力，真是形具而神生。

佬大的陶俑陶马是怎样雕塑出来的呢？可以简单概括为塑、堆、捏、贴、刮、削等。以塑为主，塑模结合，分件制作，精雕细刻，把圆雕、浮雕、线雕有机结合起来。匠工先把陶俑制成初胎，然后再根据需要精雕细刻。陶俑身体的下部是实心的，上部是空心的，这就解决了佬大陶俑的站立平衡问题。陶俑的脚下均制作踏板，然后用泥堆成脚和腿，腰腹部也用泥堆起，胳膊分件制作，头手用模子制作，大样做成后，采用刮、削、刻、剔、划的办法，把各个部分套合，这样便形成千人千面的形象。因而有学者指出，当时在制作陶俑、陶马时有模特儿。陶马的头也是合模制作，马耳、马鬃分半做成后安装上去。身体分胸、腹、臀三部分，用泥片做成空心。要制作与真人真马大小的陶俑、陶马绝非易事，不要说放在两千多年前，就是在今天也是不容易的。据推算要烧制 8000 兵马俑，需要用 1000 人 10 年才能完成。

陶俑、陶马的制作，从解剖学上来讲也是符合比例的。通过对陶俑的身体比例进行测量，与民间画工提出的"行七坐五盘三半"的比例一样。细部的刻画也符合解剖原理，如手指关节的长短、肌肉的厚薄、脚面内高外低都交代得十分清楚，躯体的轮廓线看似简单，但整个体型非常清楚。

令人惊叹的是，陶俑陶马在烧造后入坑前，对其彩绘，从而增添了俑坑的壮观景象。陶俑陶马原来身上都施有绚丽的彩绘。施色的办法是先在其身上涂一层生漆，再敷白色做底，然后彩绘。彩绘均为平涂，涂得很厚。这些颜色由矿物颜料组成，经过两千多年的火烧、压力、腐蚀及发掘出来后受外界空气的影响，现大多脱落。但从有些陶俑身上还可以发现不少留下来的痕迹。为了不使颜色单一，以形成强烈的对比，身上各个部位的颜色都不一样。可以想见，俑坑刚建成时，五光十色的陶俑、陶马是相当艳丽的。

正由于秦兵马俑高超的艺术水平，赢得了全世界的同声赞许。那么它和几乎同时期的希腊雕塑艺术又有何异同呢？希腊雕塑是西方雕塑艺术的杰出代表，而秦兵马俑则是东方雕塑艺术的杰出代表，各有千秋，在世界雕塑艺术史上都具有重要的作用。在兵马俑未发现以前，人们皆赞叹希腊雕塑艺术至高无上，兵马俑的发现改变了人们的观点，在古代的东方也有高水平的雕塑群。但由于政治体制、地理环境上的差异及人们思维的不同，造成东西方的雕塑艺术有所不同。地处亚洲中心的中国文明，当时基本上还处于封闭状态，因而产生出的雕塑品则是一种深沉、厚重、古朴的风格。而希腊则处在交通要道上，与外界交往多，其雕塑作品则呈现出开放的风格。两者的不同点首先表现在雕塑品的用料不同。秦兵马俑以泥土为原料，而希腊则以石料为主。其次由于原料的不同，形成雕塑方法的不同。秦兵马俑以雕为主，以线条表现神态，从人物的面部表情表现其性格和思想；希腊则采用雕、刻、凿的办法，以表现人的造型美，从人物的骨骼、肌肉、筋腱等表现人物的美与力、性格与思想。最后一个区别是秦兵马俑用以表现秦军的气势雄伟及整体上的协调统一，而希腊雕塑则以弘扬个性为主。

严密的军事指挥系统 —— "鼓之则进，金之则至"

秦的军事指挥系统是非常严密的，在秦兵马俑坑中遗迹中可以清楚反映出当时秦军严密的军事指挥系统。

秦的最高军事指挥是国王和皇帝。在春秋时期，秦国除国王要亲自带兵打仗外，卿大夫和将相也要带兵作战。当时秦国武官的称谓有庶长、大良造等。秦国在惠文王以前文武官吏不分，既是丞相，又要带兵打仗。惠文王时才以张仪为丞相，秦武王时设立左右丞相，这时秦仍没有专职武官。秦昭王时，魏冉为将军，秦国始有正式将军之职，从此秦国将文官和武官分开。秦国后来将军职务发生变化，曾设大将军和上将军，长平之战时白起曾被任命为上将军。秦国另一高级军职为国尉，国尉的设置是在秦昭王时。秦始皇统一天下后，国尉一职形同虚设，其他的军事官职的职权也同样受到影响，因为秦始皇实行高度的中央集权制，军事大权掌握于皇帝手中，只有在进行战争时才有权带兵打仗。

在古今中外的战争中，指挥者的作用是十分重要的，是战争取得胜利的关键所在。在通讯工具落后的秦时，指挥工具的作用则表现得尤为突出。这在古代文献及考古发掘中均得到了体现，在秦兵马俑坑这个大型军阵中，截至目前，已经发现了金、鼓、旗等指挥工具。秦著名兵书《尉缭子》中云："金、鼓、铃、旗四者各有法。鼓之则进，重鼓则击。金之则止，重金则退。铃，传令也。旗，麾之左则左，麾之右则右。"把金、鼓、铃、旗这四种指挥工具在作战过程中的作用交代得非常清楚。

金鼓是用声音来传达命令的，旗是作为视觉发号施令的，因为古代作战时，人的声音在庞大的军阵中是难以传达的。因此士兵们只好根据金、鼓之声及阵前的旗帜来判定自己是应该进攻还是应该后退。一鼓作气，再而衰，三而竭，这是古代人们对战场上鼓作用的形象比喻。鼓具有冲锋号令、调节军队行进速度、变换军队作战队形等作用，是非常重要的指挥工具。俑坑中曾清理出鼓迹多处。一号坑目前发现鼓迹 7 处，从遗迹看，两面鼓均为木质，每面鼓壁上原来都等距离地分布有 3 个带舌铜环。鼓上原来都彩绘有颜色。由于鼓壁已朽，鼓腔里充满了淤泥，呈扁圆形，鼓壁为圆弧形。击鼓指挥要正确，鼓声直接决定军队的进退，因而若鼓声消失或指挥不当，是必然要败北的。正如《尉缭子》所指出的："存亡死生，在枹（鼓锤）之端。"

击鼓鸣金的"金"是什么东西呢？为钟鸣之器，在战斗中以声音指挥战争。秦俑坑已发现了 10 余只青铜甬钟，均与鼓同地出土。其钟通高 27 厘米，表饰夔凤纹，具两铣，甬上有钮。这些钟以钮悬挂在车上，和鼓一并作为指挥工具。

旗也是重要的指挥工具。旌旗是统一意志、勇敢和胜利的象征，具有"精进士卒"的精神作用。旗的作用是决定攻击的方向。

秦武库 —— 十八般兵器一应俱全

秦有专门的武库，并且有严格的管理制度：其一，兵器交武库收藏时，先要加刻"武库"字样，以后每调拨一次加刻一次地名，因此有的兵器已经加刻了三次地名。其二，器物账本与兵器的标记必须相符，否则官啬夫应受到惩罚。其三，兵器分类保存。其四，所借出兵器，必须登记武器上的标记，按照标记收回。其五，武库管理人员若发给士兵的兵器质量有问题，丞及库啬夫均要受到惩罚。以上这些规定都以法律的形式固定下来，从而保证了对战争的供应。秦除了武库存有大量的兵器，在兵马俑坑中也陪葬了大量的兵器。

秦兵马俑虽然是陶制，然而陶俑手中的兵器则是用于实战的，异常锋利。当时军队使用的兵器都是政府发给的。目前秦俑坑已出土数万件实战兵器，可谓一座大型的秦武库。其内有各种各样的兵器，矛、戈、戟、铍、剑、弩机、钺（yuè）、殳（shū），一应俱全。秦俑坑中的兵器多为青铜制造。铁兵器十分罕见，目前仅见铁矛 1 件、铁镞 1 件、铁铤铜镞 2 件。秦俑坑中的短兵器有青铜剑、金钩等；长兵器有青铜矛、戈、戟、铍等；远射程兵器有青铜弓、弩等；礼兵器有钺和殳等。青铜剑目前共发现 20 多把，剑身修长，呈柳叶形，剑身中部起脊。两面计四纵四锷。茎的截面呈长方形，近格处呈扁圆形。剑身制作工艺规整，刃锋极为锐利，穿刺力强，含锡量较高。

金钩，又称吴钩，在秦俑一号坑发现 2 件。它是一种头部弯曲、双面有刃的兵器，适用于向里钩杀或者向外格杀，长 65 厘米。

铜殳出土于一、三号坑，共 31 件，一号坑只出土 1 件，主要出土于三号坑。为圆筒形，首呈三角锥状，可以装柄，这种兵器属于仪仗用的。

钺是一种礼仪性兵器，主要用作典礼和出行时的仪卫性武器，是权力地位的象征。

矛是用于直刺和扎挑的长秘（bì）格斗兵器，是战争史上诞生最早的的兵器之一，使用的时间最长。秦俑坑中的矛有两种，通体宽扁且直，体的中部起脊，脊两侧各有一道风槽，椭圆筒形骹。骹之两棱同锋刃平行，攻击性能好，实用性强。

铍是长柄兵器。铍头和短剑相同，较矛头长而锋利，穿刺力更强。秦俑坑已发现 20 多件。由于过去的考古资料未见完整的铍出土，所以人们长期以来误把铍作为短剑。实质上铍和剑是有区别的，主要是铍有柄，剑无柄；剑茎有首，铍茎无首；剑茎有圆形、方柱形，断面呈扁圆形等，而铍茎一律作长方柱体，上有一至二孔；铍身较短，剑身窄狭而长；短剑身中部多起脊，铍不起脊；铍较短剑的刃宽而锋利。只要我们仔细观察、认真研究，区别两者是很容易的。秦俑坑中铍的完整出现，澄清了长期以来人们对铍的一些模糊认识，从而纠正了过去人们把铍头误认为短剑的错误，也为我国古代兵器史的研究填补了空白。

铜戈是一种钩兵器。戈一般由援、内、胡三个部分组成。援是横向侧出的刃，前有锋，上下侧起刃，是戈最具杀伤力的部位。内是援后的纳秘部分，内上有孔，成为穿，用来穿绳缚秘。援和内之间有凸起的棱，称阑，有上阑和下阑之分。胡是援下刃近阑出弧曲下延部分，有锋利的刃和固秘的穿。秦兵马俑坑目前已发现多把铜戈，其制作工艺考究，光洁锋利。

戟是古代兵器中较特殊的一种长兵器，由矛和戈组合而成，集前两种兵器之长，既可前刺又可钩。秦军所持戟为内刃性戟，是一矛一戈联装的常见戟。

弩是利用机械力量发射箭镞的一种远射兵器，在冷兵器中是杀伤力极大的兵器。弩是由弓演变而来的，是弓的发展。弩机由悬刀、望山、栓塞等组成，悬刀即扣发扳机，望山用以瞄准，钩牙用来挂弦。弩克服了弓的一些缺点，射手由手指勾弦直接发射改为扣动扳机发射；肉眼直接瞄准变成通过望山瞄准，大大提高了命中率。秦兵马俑坑已发现了数百处弩的遗迹，反映出弩机当时在秦军的作用是很大的。如果说俑坑中的弩机是木质的，已朽烂看不清楚，秦陵一号铜车马上的弩则为铜弩机，完整无缺，对我们了解秦弩的形制有非常大的帮助。秦俑坑中发现了数以万计的铜箭镞，就是用在弩机上的。秦俑坑的铜箭镞几乎全为三棱形，铜镞刃稍向外鼓，镞首面作等边三角形，三翼收杀。在二号俑坑还发现一种特大型号的铜镞，每支重量达 100 克。较其他铜镞长一倍，使用这种铜镞的必然是一种张力更大、杀伤力更强的弩。

除了进攻性的兵器，秦人也有防御性的器械盾牌和铠甲。盾是古代防护性兵器之一，用来防护自身免遭敌方兵器伤害。秦盾在秦俑坑中发现很多，其中在秦陵一号铜车马上发现的一面铜盾牌，插在车右箱板内侧的盾囊里，这个铜盾由于是用青铜制作，虽经两千多年仍完整如故，是目前发现的最完整的盾牌。此面盾牌非常精致美观，上部呈弧形，中部呈亚腰，四角上耸而内卷，下部呈长方形。这个铜盾是迄今为止考古发掘史上仅有的质地精良的盾牌，也是我国古代防护兵器盾牌遗迹中最趋于完整的一件，它的出土为我们探索和研究古代盾牌的发展历史，提供了弥足珍贵的实物资料。

我国古代劳动人民在长期的青铜冶铸实践中，直观地认识了合金成分、性能和用途之间的关系，成书于战国时期的《考工记》总结了青铜器冶炼技术的"六齐"规律，提出不同器物中铜和锡的比例配方。书中对刀剑的要求是"三分其金而锡居一",即铜锡之比为3∶1,按这样的比例制成的刀剑,既有一定的硬度,又具有韧性,不易折断。秦俑坑中出土的大量青铜兵器,均为铸造成型,其合金成分,经化学定量分析、电子探针、激光定性分析等方法检验,所含各种金属的配比基本符合《考工记》对青铜器的配比要求。由于青铜中含锡的多少直接影响其硬度,因而各种兵器便根据其用途的不同而采取相应的锡比例。如青铜剑含锡量高达18%—21%,相当于中碳钢调质后的硬度,非常锐利。镞和矛为刺兵,要求刃锋锐利,有良好的穿刺力,因而这两种兵器均含锡量较高。秦俑坑的兵器铸造工艺是先进的,其出土的青铜剑和春秋时期、战国早期的剑相比,显示了造型工艺的不同。春秋战国早期的剑身较短而宽,由宽变窄及厚变薄是等距离地均匀递减;而秦剑剑身长而窄,其由宽变窄、由厚变薄是有节奏地递减。这种剑具有锋利、穿刺力强、坚韧、不易折断的优点,当剑穿刺时,有一种反作用力,有节奏的剑身可以相对减少反作用力,增强剑的弹性。剑身窄处厚度相对较大,剑身宽处厚度相对较薄,这样就使剑身宽处与窄处的机械强度相对均衡,不致因剑身强弱不均而折断。

秦俑坑中出土的青铜兵器均为铸件,再经过锉磨、抛光等工序制成。制作工艺精细,表明秦代的金属制作工艺较前代有较大的进步。同时,我们在铜铍的两面发现满布着不规则的云头状的花纹,这些花纹既非铸成,又不是刻画而成,因为花纹仅在器表,而表层下不见纹样,表层上又不见刻划痕,却隐现于器表,和器表的金相组织融为一体。这种形式的兵器在以往的考古中仅见三例,好像是经过化学方法处理而成的。有人推测可能是利用硫化处理办法,它和后文所提到的铬盐氧化处理防锈技术一样,是中国古代冶金史上的又一大奇迹。

这些青铜兵器的加工是严密的。特别是青铜剑的剑身。人们在放大镜下观察,发现两刃及锷的磨纹垂直于中轴线,纹理平直没有交错,加工工艺十分精致,根据推测可能采用了简单的机具加工,而非手工锉磨。剑身光洁平整、组织细密,没有砂眼。铜镞的加工更使人惊奇。镞是三棱形的,它的三个面和三个棱均被加工成抛物线形,这样不但飞行平稳,而且速度快,命中率高,其放大投影和现在的步枪子弹一样。我们惊讶地发现,在两千多年前人们已使用了标准化工艺,这可是一个了不起的创造。所谓标准化是指同类产品部件必须能够互相通用,以便于大规模生产和检验管理,同时也便于更换和维修,它是现代化工业的产物。通过对秦俑坑兵器的实测结果,发现数百件弩机的牙、栓、悬刀和其他部件,完全可以互换通用,轮廓误差不超过1毫米。由此可见秦兵器生产型号、式样已规范化、系列化。秦把"型范正"列入法律,要求"为器同物者,其小大、短长、广亦必等"。秦俑坑中出土的器物基本符合这一要求。1982年英国标准化专家在看到秦俑兵器后赞不绝口,并公认世界的标准化发源于中国。

秦俑坑中出土的青铜兵器,不但加工规整、制作标准,而且经过了防锈处理,在兵器表面上采用了铬盐氧化层,起到了防锈作用。这一工艺的使用,更令人赞叹不已。秦俑坑中出土的青铜剑、镞、矛、殳等兵器,虽埋在地下两千多年,出土后表面仍光洁锃亮,颜色青灰,寒光闪闪,光亮如新,锋利无比。

（2）青铜之冠——彩绘铜车马

铜车马的发现可以说是继兵马俑之后秦始皇陵的又一重大考古发现,是奇迹中的奇迹。无论是铸造技术还是雕塑艺术都高于兵马俑，凡看过铜车马的人，都会有"望车兴叹"的感受，无不为秦的科学技术水平所折服，有些技术使现代人也不得其解。其实，这正是秦帝国科技实力的再现，是秦统一后社会生产力发展的真实反映。

铜车马陪葬坑位于陵园封土与陵园内城西垣之间，是目前我国发现的时代最早、结构最完整的车马，也是目前我国发现的青铜器中最重的，所以这两辆铜车马被称为"青铜之冠"。一号车重1061千克，二号车重1241千克。两乘车的零部件达7000件之多，极为细致和复杂。以二号车为例，其大小零件达3462个，其中包括金质装饰737件，银质装饰983件，最大的零件是龟背形的车盖，长达246厘米，面积约2.5平方米，最小的零件不足0.5平方厘米。从重量上来讲，最重的铸件为马，达230千克，最轻者为辔缰的销钉，重量尚不足克。一、二号车虽然车制不完全相同，但在车的零部件结构、系驾关系等方面基本是相同的。

古代帝王车驾有一套銮驾制度，这一制度自从阶级社会开始即已出现，考古发掘中就发现不少级别不同的车舆，反映出古代乘车中有等级森严的制度。"卤簿"制度创始于秦，即帝王出行时有大驾、法驾之说，"大驾属八十一乘，法驾半之"（《后汉书》），不但出行时有属车，而且有护驾车。秦始皇出巡时，既有丞相随同，而且有列侯、伦侯等陪侍，车辆众多，正因为如此，才出现了秦始皇第三次出巡时张良误中副车的故事。

秦始皇生前五次出巡，车队浩浩荡荡、好不威风。众多的车乘，有前导，有后卫，有护从，有伴驾。难怪项羽在看到秦始皇车队路过浙江时，遂产生了"取而代之"的想法。刘邦在看到秦始皇威武壮观的出巡场面后，曾不由自主地发出感叹："大丈夫当如此也。"

秦始皇帝生前乘坐的应为六匹马拉的金根车，装饰豪华。《史记·秦始皇本纪》中有"乘六马"的记载，《后汉书·舆服志》中也有"天子所御驾六，余皆驾四"的记载，充分说明当时秦始皇所乘之车一定驾有六马。之所以把秦始皇所乘之车称作金根车，是因为根是栽养万物的，只有皇帝才配得上乘这种车，加之用金装饰，极为豪华。过去我们只能从文献中知道秦始皇乘坐的是六匹马拉的车子，现在的考古发现证实文献资料是正确的，考古工作者既在洛阳发现了东周时期的六马拉车，也在西安市长安区发现了秦时六马拉的车子。

铜车马上使用了众多的金银装饰件，铜马的络头、缰、项圈、靷等大部分都由金银制成。两乘铜车马的金银饰件加在一起达3500件左右，约占两乘铜车马零件总数的50%以上，每辆车上的金银制品重达7000克之多。充分反映出这两乘铜车马的高雅华贵和豪华奢侈，也反映出古代乘舆等级制度的一般情况。

铜车马的近7000个零部件是怎样连接起来的呢？大体可分为两大类，即不可卸冶金连接和可拆卸机械连接。在可卸连接中采用了键连接、铰链连接、锥度紧配合、弯钉连接、销钉连接等办法。不可卸连接方法有铸焊、钎焊、红套、镶嵌等。还有纽环连接法、销钉连接法等。通过以上这些金属连接方法，把7000多个零部件组成两乘铜车马，使已掌握相当发达的科学技术的现代人也不禁要盛赞两千多年前连接工艺的高超。铜车马的雕塑艺术，又把人们对秦代雕塑艺术的认识提高了一步，可称为"奇迹中的奇迹"。

铜车马的雕塑工艺难于兵马俑，高于兵马俑。因为铜车马的创作人员，包括造型、浇铸、加工、施彩各道工序的作者，是当时秦帝国内的高级工匠，非一般雕塑者所为。铜车马的雕塑惟妙惟肖、栩栩如生，是我国古代难得的青铜雕塑艺术珍品，其造型准确、逼真，充分显示出了秦始皇当年出巡时的豪华壮观的场面。其精湛的雕塑和兵马俑一样，也是写实的，反映的是当时的宫廷车马制度。

今天展现在我们面前的两乘铜车马富丽堂皇，其雕塑艺术堪称一绝。铜车马是按当时实用车的二分之一缩小制作的，是精雕细刻出来的。从两个御手俑的造型来看，他们双臂前伸，紧握辔绳，头向前倾，一副全神贯注的模样。他们身体匀称，面庞丰腴，面带微笑，似志得意满，看上去非常逼真。

8匹铜马的塑造给人一种静中欲动的感觉。形体比例匀称，马的各个部位都十分精确恰当，马的两耳前倾，昂首嘶鸣，双目圆睁，鼻翼微张，6颗牙齿整齐排列，反映出这8匹马正处于精力充沛的青壮年时期。秦人一向是以善于养马而著名的，因此作为宫廷用马必然是高标准的。8匹马均为剪鬃缚尾，塑造逼真传神，显得精神抖擞。身上的肌肉块块隆起，胸肌突出，显得膘肥体壮。8匹铜马神态各异，4匹服马举颈昂首，目视前方，4匹马略视两侧。之所以如此，是因为服马比骖马性情老实，且脖颈在衡轭之下，不便于左盼右顾，而骖马由于有防止内靠的胁驱，若向内倾则被刺痛，因此其脖颈都习惯性地外倾，这充分反映出其雕塑艺术源于生活。

（3） 地下武库——石铠甲坑

石铠甲坑位于秦始皇陵封土堆东南，面积略小于秦兵马俑一号坑，达1.3万平方米，是迄今为止秦始皇陵园外城墙以内发现的面积最大的陪葬坑。目前考古工作者在这里共清理出石质铠甲90领、石质头盔36顶、石马缰3组、青铜锸1件及一些青铜镞。

这些石铠甲和头盔均用质地均匀、颜色灰青的石灰岩石片和扁铜条连缀而成，可称为"铜缕石甲胄"。这些石质铠甲和头盔穿戴起来厚重，又不结实耐用，所以当时只是作为专为陪葬用的明器，不具备实用功能。

铠甲的大小是按原大比例制作的，其制作方法类似于玉衣的制作，这为研究古代铠甲的制作提供了第一手的实物资料。甲片主要有长方形、近方形、舌形、等腰梯形、直角梯形、圆形等。甲片上钻有一些圆形或方形的小孔，用扁铜条连缀在一起。

根据甲片特征和甲胄外观特征的差异，可将铠甲分为三大类：鱼鳞甲、札甲和特大型甲。特大型甲，只发现了一领，身甲已烧成白灰状，颈甲保存较好，此甲纵长1.8米；从甲衣到甲片都特别大，甲片有长方形身甲片，长笏（hù）形和长弧凸刃形颈甲甲片等。从其形体和结构判断，这副甲不是人的披甲，而可能是马的铠甲，即后世所谓的"马铠"或甲骑具装中的"具装铠"，但据史料记载到东汉末年才有较完整的具装铠，而本次发现的这副"马铠"，由颈甲、身甲、当胸和搭后组成，已经是非常完备的形制了，要比文献记载早400多年。

与铠甲伴出土的石胄约36顶。这些胄与燕下都发现的铁胄形制相似，但又比燕下都的铁胄更完美、大方，可以保护颈项并披搭于铠甲的肩部之上，顶片布孔规律也有区别。所有石胄均由一整片圆形顶片和若干板瓦形或等腰梯形不带弧度的侧片组成。目前已修复的一顶石胄，胄通高32厘米，底部宽32厘米，重3168克。

石质铠甲的制作并非易事，要经过从遥远的山上采石、切片、打磨，并钻孔用铜丝片连接。更为重要的是，它不像玉衣那样在全国发现很少，铠甲坑中的石铠甲数量惊人。制作这些石质铠甲必须有机械加工工具，充分反映出当时秦的手工业水平的高超。

石质甲胄的大面积发掘出土，在世界考古学史上实属罕见，填补了我国古代军事装备的空白，改变了过去认为秦代无胄的记载，对研究秦时的军事装备具有十分重要的参考价值。

（4） 百戏俑——咸阳宫杂耍表演的再现

所谓百戏即今天的杂技表演，在古代无论皇宫还是平民中都有，但是皇宫中的百戏更多也更精彩。文献中有大量这样的记载，但大体量的百戏俑还是第一次发现。

在秦始皇陵封土东南，考古工作者发现一个长72米，宽12至16米，两端分别有斜坡门道的陪葬坑，经考古发掘，坑内分布有东西向的过洞3条，其坑的建筑形式与秦兵马俑坑相同。在此坑的中部过洞内出土了一件青铜大鼎。青铜鼎出土于棚木层之上，保存完整无损，出土时表面布满绿色铜锈，鼎内发现有3枚铜镞。鼎体为双耳三足直肩环底形，耳部、肩部、腹部有繁缛精美的纹饰；鼎底部外侧有一周圈足形环棱。肩部较竖直，外部布满精美纹饰，其中以交替蟠虺纹为主纹饰，另以绞索纹、"S"纹、谷芽纹等填充；三只鼎腿均为短粗壮的兽足形，腿根部均为变形鹰面纹，酷似猫头鹰，双目圆睁，口中衔着一块状物。此鼎通高59.5厘米、腹外径75厘米，重212千克，是迄今为止所知最大的秦鼎。从其出土位置和鼎本身的气势、风格、工艺分析，应该是秦王朝的宗庙重器。

在坑内发现了内涵丰富、形态新颖的彩绘陶俑，出土时虽已倒塌碎裂，但每件陶俑个体仍大体可辨，共发现近40尊陶俑个体。这些陶俑均为彩绘俑，现场观察到俑面部和身体肌肤裸露部均为浅粉红色。所有陶俑只穿着陶塑彩绘超短裙，其他部位裸露，裙上绘有各种纹饰，其中以菱格纹为主，另有星象纹、谷芽纹、"S"纹等，由于火烧等原因，彩绘大部分脱落。这些俑姿态各异，栩栩如生，有的呈双手卷衣状，有的一手插腰一手高举，双腿前弓后箭步状；有的呈半跪状等，它们均有方形或长方形脚踏板。

这些姿态各异的半裸俑，神灵活现，生动活泼，反映的是秦宫廷"百戏"的场面，对研究秦王朝丰富的宫廷文化和我国先秦角抵俳优的发展有重要价值。

（5） 文官俑——神秘的地下官衙

在秦始皇帝陵封土西南角，发掘清理了一个内容新奇的陪葬坑。此坑平面略呈"中"字形，呈东西向，由斜坡道、前后室组成，总面积410平方米；出土了12件陶俑，其中袖手文官俑8件、御手俑4件。均头戴板冠，身着交领右衽长襦，足蹬齐头方口浅履。陶俑腰系模制陶削、砺石。俑左臂与胸腔间有斜向椭圆形孔，原为夹带竹简木牍的孔，表情端庄，神态威严，是"刀笔史"形象的真实再现。此类俑在秦始皇陵是第一次发现。

这些陶俑正是生前秦始皇身边文官的象征。中国在纸发明以前，较早的正式书写都是写在竹或木制成的简上的。竹木简始于春秋时期，一直使用到公元4世纪才逐渐绝迹。由于简上的文字都是用毛笔蘸墨或漆汁书写在简片上的，所以一旦出现书写错误需要修改的时候，人们就使用一种被称为"削"的青铜利器削去一层后重写，叫作"刊"。"刊"的本意是"个性"的意思，成语"不刊之论"

仍旧保留着这个原始的意义。这种青铜削又称作刀，一般长度为20厘米左右，非常便于携带。

（6） 青铜水禽——皇家苑囿的象征

在秦始皇陵封土东北900米处发现了一个坑型特殊、陶俑形状怪异、又出土了大量青铜水禽的坑，被称为七号坑。在七号陪葬坑1区发现了40多件青铜水禽，保存状况明显好于以前出土的同类物品，部分个体上还留有少许彩绘。可辨识的水禽有天鹅、仙鹤、鸿雁3种，它们依次由西向东排列。40多件青铜水禽均站立在一道水沟的两边，相向而站作觅食状，颇为壮观。

6件仙鹤均站立在方形镂空云纹踏板上，曲颈长喙，体态优美。其中一件双足分立，伸颈低头，尖喙还叼啄着一只青铜小虫，生动地再现出仙鹤水中觅食的瞬间动态，堪称极品。20件青铜天鹅或立或卧，体形肥硕，双翅交叠尾后，或曲颈作觅食状，或伸颈于河道中做汲水状。20只大雁则整齐地卧伏在河道两侧的夯土台上，体态浑圆，比例协调，双翅叠置于背后，昂首曲颈，神态悠闲自在，均面向河道。

坑中还出土奇形陶俑15件，从修复的陶俑来看，其姿势分跽姿和箕踞姿两类。呈箕踞坐姿陶俑通高87厘米，双腿伸直平坐于地，头戴布帻，身着长襦，下着长裤，腰系革带，光脚板，目视前方，仪态庄重。跽姿陶俑通高108厘米，上体直挺，双膝跪地，脚穿布袜，右腰际悬有长方形扁囊和刀具，面目祥和。

此坑从出土文物来看属于苑囿性质，反映秦始皇生前在苑囿中的活动。在秦始皇园中，类似的遗址还有珍禽异兽坑、马厩坑、动物坑，均是为了配合秦始皇游猎而修建的。

（7） 地宫珍宝知多少——秦始皇陵地宫之谜

秦始皇陵地宫是两千多年来人们一直感兴趣的问题。自从兵马俑、铜车马等陪葬坑和陪葬墓发现以来，人们在为这伟大的历史奇迹惊叹之时，自然会把视线投向这伟大奇迹的核心——地下宫殿。这将是一个更加神秘莫测、令人心驰神往的伟大奇迹。

秦始皇陵地宫是充满了神奇色彩的地下"王国"。之所以如此，是因为古代墓葬礼制规定"事死如事生"，即生前享有或者需要的，在死后的陵墓中都应该有。目前考古工作者虽然做了一些地面上的工作，但那幽深的地宫仍然谜团重重，地宫形制及内部结构至今尚不完全清楚，千百年来引发了无数文人墨客的猜测与遐想。地宫是什么样的结构？地宫内埋藏了多少奇器珍宝？地宫内有没有防盗机关？地宫究竟有多深？秦始皇采用的是铜棺、石棺，还是木棺木椁？秦始皇的尸骨是否完好无损？这一系列的悬念无不困扰着专家学者。目前我们只能根据现有考古材料，结合有关历史文献，做初步的探讨和推测。

在秦始皇陵巨大的封土堆之下就是其地下宫殿，这是两千多年来大多数人的认识。一般而言，地宫均在封土之下，秦公一号大墓、西安市长安区秦大墓和西汉的海昏侯墓都是如此，后来的盗墓活动猖獗，因此也有采取秘密方法埋葬的。历史上假墓、衣冠冢也有不少，比如曹操有墓72座，至今真伪难辨。元朝皇帝的陵墓"深葬不坟"，墓上没有封土。成吉思汗埋葬完毕以后，让万余匹马在其埋葬地上及其周围踩踏，隐去遗迹，因此至今下落不明。明代的朱元璋为了以假乱真，传说死后出丧场面有13口棺材，同时抬出13个城门，以乱其真。万历帝入葬时，也有18口棺材分别葬在陵区的山中。

也正因为如此，在民间和学术界有人认为地宫在骊山之下。其根据是《汉旧仪》一书中有一段关于秦始皇陵地宫的介绍：公元前210年，丞相李斯曾向秦始皇报告，按照方案，称其带了72万人修筑骊山陵墓，已经挖得很深了，好像到了地底一样，也就是《汉旧仪》所说"凿之不入，烧之不燃，叩之空空，如下无状"。秦始皇听后，下令"其旁行三百丈乃至"。"旁行三百丈"一说让秦陵地宫位置扑朔迷离。民间曾传说秦始皇陵为了防止盗掘，以假乱真，将地宫修在骊山下，骊山和秦陵封土之间还有一条地下通道，每到阴天下雨的时候，地下通道里就过"阴兵"，人欢马叫，非常热闹。据悉，考古工作者根据这个传说曾做过很多考察，但却一直找不到这个传说中的地下通道。

目前，经过科学勘探，在封土之下已经发现了地宫的宫墙和庞大的地宫。充分说明地宫就在封土之下。司马迁《史记》记载地宫"穿三泉"，《汉旧仪》则言"已深已极"。说明深度挖至不能再挖的地步，那么传说中至深至极的地宫究竟有多深呢？根据最新钻探资料，秦陵地宫并没有人们想象的那么深。实际深度应与秦东陵一号秦公陵园墓室深度接近。这样推算下来，地宫坑口至底部实际深度约为26米，至秦代地表最深约为35米。从30米的深度来看，肯定进入到地下水了。那么如何保证地宫中没有地下水呢？原来当时既为了保证地宫的深度，又不至于受到地下水的影响，秦始皇陵专门围绕地宫修建了阻排水渠。这条阻排水渠已经被考古工作者勘探出来，长约千米的阻排水渠将地宫和周围的水排掉，这条水渠其实是堵墙，底部由厚达17米的防水性强的青膏泥夯成，上部由84米宽的黄土夯成，规模之大让人难以想象，设计相当巧妙。秦始皇陵园地势东南高西北低，落差达85米，而阻排水渠正好挡住了地下水由高向低渗透，有效保护了墓室不遭水浸。

秦陵地宫"上具天文，下具地理"，其含义是什么呢？应当是在墓室顶绘画或线刻日、月、星象图。近年来，考古工作者在西安交通大学和西安理工大学的西汉壁画墓中都发现了类似于"天文地理"的壁画。上部是象征天空的日、月、星象，下部则是代表山川的壁画。由此推断，秦陵地宫上部可能绘有更为完整的二十八星宿图，下部则是以水银代表的山川地理。秦始皇在世时，受日月星辰的影响，遍览名山大川，死后必然有所反映，这是对秦始皇生前游历经过的一种形象展示。在这座有着象征天、地的地下"王国"里，秦始皇的灵魂照样可以"仰观天文，俯察地理"，统治着地下的一切。

目前考古勘探表明，秦陵地宫为竖穴式，墓内有"黄肠题凑"的大型木椁。东西长170米，南北宽145米，主体和墓室均呈矩形状。墓室位于地宫中央，高15米，面积相当于一个标准足球场。考古工作者在勘探中发现，在封土堆下墓室周围存在着一圈很厚的细夯土墙，即所谓的宫墙，东西长约168米，南北宽141米，南墙宽16米，北墙宽22米。

始皇陵地下宫殿中，以水银为江河大海的记载见于《史记》和《汉书》。然而，陵墓中究竟有没有水银始终是一个谜。现代科技的发展为验证秦陵地宫中埋有水银这一千古悬案提供了必要的条件。地质学专家先后两次始皇陵封土采样，经过反复测试，发现始皇陵封土土壤样品中果然出现"汞异常"现象，面积达1.2万平方米。前几年由中国地质调查局实施的"863计划"，用遥感等先进设备勘探，也证明地宫中含有水银，略呈几何形分布，且东南、西南强，东北、西北弱，与大自然中的河流江海分布位置是一致的。而秦始皇陵附近包括封土来源地的土壤样品几乎没有水银含量。现代科技终于解开了地宫埋"水银"的千古谜案。

其实，在陵墓中用水银，并不是秦始皇的创造，在秦始皇之前已有人使用了。春秋时期吴国国王阖闾和齐国国王齐桓公的陵墓中就有水银。为何在陵墓中放入水银呢？原因是一则古人认为水银具有防腐的作用，可以防止尸体的腐烂；二则由于古代帝王大兴厚葬之风，但又害怕别人盗掘，水银易挥发，所以当盗墓者进入墓穴时，就会毒死盗墓者。始皇陵地宫的水银的作用大概与这两个因素有关。同时，水银可以流动，以象征秦始皇生前游览过的江河大川。那么这些水银是从哪里得到的呢？过去大多认为是由战国时著名的"女企业家"巴寡妇清提供的，此人名清，巴是巴郡之意，因为史书记载寡妇清是采水银炼丹的工商业主，备受秦始皇的器重，为表彰其守贞之节，封其为贞妇，并专门为她修建"怀清台"。近些年在陕西旬阳发现了战国时期的水银矿遗址，专家认为是距离秦始皇陵最近的地方，因此这些水银来自旬阳。

地宫中都有哪些宝贝呢？《史记·秦始皇本纪》记载："宫观百官，奇器珍怪徙臧满之，令匠作机弩矢，有所穿近者辄射之。"意思是说秦始皇陵地宫有大量的珍宝器皿、珍禽异兽。地宫门上置有弩机暗器，以防盗掘。关于秦始皇陵的宝贝，司马迁只记载了地宫中的珍藏，其他的陪葬品和地宫中的珍品相比可谓小巫见大巫。因此，我们猜想地宫里面一定塞满了金银珠宝，秦始皇生前享用的衣食住行等方面的东西在地宫中都会出现，当然也有他生前乘坐的六匹马拉的金根车，那要比现在出土的铜车马还要豪华得多。

（8） 秦始皇陵前有无石刻雕塑

秦始皇陵墓有很多个第一，其中之一就是很可能已经出现大型石刻雕塑，而非后人普遍认为的直到汉代才出现。我们有理由相信，汉代陵墓上的大型石刻，是"汉承秦制"的具体表现。也就是说，秦始皇时期奠定了以后石刻的基础。

首先，历史文献中有不少的记载。东晋葛洪《西京杂记》记载："五柞宫有五柞树，皆连三抱，上枝荫覆数十亩。其宫西有青梧观，观前有三梧桐树。树下有石麒麟二枚，刊其胁为文字，是秦始皇骊山墓上物也。头高一丈三尺，东边者前左脚折，折处有赤如血。父老谓其有神，皆含血属筋焉。"五柞宫是汉武帝时期建造的，位于渭河之南上林苑中，是汉代著名的离宫，汉武帝托孤就在这里进行。汉代皇帝游猎南山，都要驻跸在这些宫殿里。将石麒麟从秦始皇陵移至青梧观就是为了满足汉代皇帝的欣赏娱乐需求，而且可以作为上林苑中的雕塑。

唐代封演《封氏闻见记》记载："秦汉以来，帝王陵前有石麒麟、石辟邪、石象、石马之属。"用这些石刻作为"生平之象仪卫耳"。虽然到目前为止，还没有明确的考古材料证明秦代及秦以前的陵墓中设有大规模的石刻群，但我们也不能轻易就否定这些历史文献记载。秦始皇扫灭六国，一统天下，自视功绩显赫，德兼三皇，功过五帝。若如文献所载，秦前已有在陵前置大型石雕的先例，始皇帝必定不甘其后，定会在自己的陵墓上设有象征仪卫的像生石雕。

其次，秦汉时期，好大喜功成为社会时尚，因而勒石雕像成风。

在秦始皇陵园的考古勘探中已经发现了不少的石刻作品。不仅发现了专门为秦始皇陵服务的打石场遗址，还留有当时的很多石材。而且在考古发掘过程中也发现了很多石制品，如石下水道、石铠甲等。秦始皇陵地宫中据记载也用了大量石材。

最后，秦人石刻雕塑工艺日趋成熟，在雕刻技艺上也不存在问题。

秦人的石刻是很早的，在凤翔秦公大墓遗址曾经发现过两个小石人。现存最早的中国古代文字石刻——秦《石鼓文》，就是雕刻在天然石块上的。尽管学术界对其雕刻时代还存有争议，但都认为是秦人早期的石刻作品，是春秋时期的产物。秦人或者是在一块独立的天然大石上刻字，或者是将天然的石块略加表面处理后进行雕刻。中国古代将这样的石刻叫"碣"。这是最原始的石刻形态。

秦始皇五次出巡时，留下了七块石刻，以表彰他的功绩。"刻石著其功""立石颂秦德""刻石颂秦德"，仅在《史记》里记载的就有峄（yì）山刻石、泰山刻石、琅琊刻石、东观刻石、碣石门刻石、会稽刻石等，可见，秦人对石刻历来是重视的。

同时，秦始皇陵约8000兵马俑雕塑的制作、秦始皇陵铜车马的制作和12金人的制作，都为大型雕塑的制作奠定了良好的基础。秦人既然能铸造出如此巨大的铜人和复杂精制的铜车马，那么制作大型石刻也是没有任何问题的。而且，秦始皇既然能销天下兵器，铸12铜人立之于宫殿前，以彰显其功绩，那么，按照"事死如事生"的观念，他也极有可能把生前所享用的一套礼仪搬到陵墓前，于墓前建造大型石刻。

既然秦始皇陵前应有大型石刻雕塑已确定无疑，那么，为何在秦始皇陵前看不到这些石雕，这些石刻到哪里去了？不少学者认为是被毁了。这些石刻石雕毁于项羽刘邦之时的可能性最大。刘邦在楚汉战争时，历数项羽的罪行有10条，其中就有"烧秦宫，掘始皇帝冢"，项羽攻打秦都咸阳就有复仇的目的，"楚虽三户，亡秦必楚"。考古发掘资料也可以证明项羽确实对秦始皇陵进行过破坏，秦始皇陵众多陪葬坑的被焚毁据研究显示就是项羽干的，因此他对秦始皇陵地面石刻进行破坏也在情理之中。后来刘邦即帝位后"以亡秦为戒"，又不断指控秦始皇，认为秦始皇有"繁法严刑""赋敛无度"等暴行10余条。因此，原先宣扬始皇帝丰功伟绩的石刻、石雕之类，也会毫不留情地被拆除然后销毁。

需要补充的是，代秦而起的是西汉王朝，为了证明自己代秦的合理性与正当性，掀起了"过秦"风潮，试图通过"过秦"来证明汉皇刘邦的以汉代秦，不但非篡非弑，反而是代天诛暴，吊民伐罪。而要想使汉朝凌驾于秦朝之上，重要手段之一就是贬抑秦朝的历史地位，并借此抬高西汉的历史地位。正因为如此，汉代对秦几乎全盘否定。因此秦始皇及秦始皇陵便成为汉人的发泄对象，以致影响到后代。比如，秦始皇修建万里长城，是为了防御北方匈奴族的侵扰，虽然动用了大量人力、物力和财力，但是这项工程在当时却是必需的。然而，在"过秦"思想的影响下，万里长城却成为后代诟病的对象，甚至与秦始皇毫无关系的孟姜女哭长城也与秦始皇扯上了关系。汉代人尽管也修建长城，但不叫长城而叫"塞"，明代更称之为"边墙"，誓要与秦决裂。秦始皇陵这样一个劳民伤财的工程更是成为破坏的对象，受到的冲击更大。由于秦始皇陵地宫规模太大，加之众多的防盗措施，盗掘实在不易，而地面建筑、文物防护措施较少，便成为主要的破坏对象，从项羽开始秦始皇陵不断遭到厄运，要么被破坏，要么被搬移，挪作他用。《西京杂记》中记载的上林苑五柞宫中的两个石麒麟就是明证。

两千多年来对秦始皇陵的兵焚、盗发，以及无知的摧残、有意的破坏，使秦陵上的石刻雕塑遭到了自然与人为的双重破坏。所以秦始皇陵昔日的壮观的石刻雕塑，很遗憾我们今天已无法再看到了。

（9） 秦始皇陵历史上是否被盗

史书中多处记载秦始皇陵遭到盗掘和焚毁，其中有项羽、牧羊童、石季龙、黄巢等在此进行破坏。记载最多的是项羽，如"项羽烧秦宫室，掘始皇帝冢，私收其财物"，即项羽的军队火烧秦咸阳宫，又掘始皇陵，抢去陵中财物。又有"项羽入关发之，以三十万人三十日运物不能穷"（《水经注》），即项羽的军队 30 万人在此盗掘一个月，仍未把宝物盗完。下面我们分析一下有无此可能性：

项羽是在秦末农民起义过程中发展起来的一支反秦力量的领袖，是楚国贵族的后裔，因楚国被秦所灭，因此进入关中后，以复仇为目的，烧杀虏掠，无所不为，火烧秦咸阳宫及周围宫殿，大火三月不灭，使秦帝国在关中众多宫殿遗址，如今只能见到一些残砖碎瓦、火烧土块。

当然项羽对灭楚的头号人物秦始皇就更为愤恨了，所以秦始皇陵的浩劫也难于幸免。项羽在秦始皇陵的盗掘与破坏，从陪葬坑的发掘可以看出，但并没有对地宫造成影响。他焚烧了秦始皇陵的地面建筑。同时从发现的兵马俑情况看，被破坏的程度也是相当严重的。一、二号兵马俑坑的地下建筑都曾被大火烧过、盗扰过，三号坑陶俑破坏相当严重，据研究应该是项羽干的，说明他确实到过秦始皇陵进行破坏，但是否进入地宫是值得怀疑的。项羽当时在关中待的时间很短，又要和刘邦进行政治上和军事上的较量，这是他当时进军关中的主要任务，当他的政治权力在未获得巩固之时，是无暇顾及于此的。更重要的是，盗掘始皇陵绝不像用一把火烧秦陵建筑那样容易，高大的封土和深达几十米的地宫没有足够的时间是没有办法进行盗掘的。

关于牧羊童失火烧之的说法，据《汉书》记载："羊入其凿，牧者持火照求羊，失火烧其藏椁。"说牧童放羊时，羊钻入洞穴，放羊者打着火把找羊，而失火烧了地宫中的棺椁。这个记载显然是有问题的，因为牧羊失火之事发生在项羽入关之后，而刘邦建立西汉后，曾委派 20 户人专门守护秦始皇陵，这些守陵人是奉皇帝命令而来的，一定会尽职尽责的，不会发生类似这样的失职事故。更何况这纯属一个编造的故事，这么大的事情《史记》竟无片言只语，司马迁遍览皇家档案、石室金匮之书，若确有文字记载，司马迁是会把它记入《史记》的。

关于黄巢掘墓等问题，笔者认为也不大可能。史书中关于农民起义军盗墓的记载颇多，但我们认为不全如此。由于这些史书都是文人写的，他们对农民起义军恨之入骨，因而记载中多有诬蔑不实之词，所以可靠性不大。如果这些起义军盗墓，必然留下大规模盗掘的痕迹。但今天的考古工作者在封土堆上找不到被盗掘的痕迹，虽在封土堆的西面和东北面各发现一个盗洞，但都是直径只有 1 米，深只有 8 米，呈椭圆形，是宋代的盗墓贼干的，而且这些盗洞根本未进入地宫之内。历代的史书中虽有秦始皇陵屡被盗掘的记载，但也有不少的史书对这些记载持否定态度，认为不可信。

之所以会出现秦始皇陵屡次被盗掘的记载，是因为《史记》中有关秦陵地宫中金银财宝的描写，以及人们相信秦始皇生前强大的国力和奢侈的生活必然在地下王国有所表现，便引起了盗墓者的觊觎，以及各种各样的附会、传说。

当然我们不排除历代确有许多人欲在此进行盗掘活动，但是并未深入到地宫中，只是对陵园以内的地上建筑、地上建筑中的物品进行破坏或者盗掘陪葬坑。同时由于《史记》中记载地宫门上装有暗弩，一触即发，并埋有水银，这些东西对盗墓者是一个威胁。盗墓者之所以未进入地宫内，一则因为盗墓者确实害怕，二则可能随着盗洞的深入，水银的蒸发愈浓，会把盗墓者熏死。

秦始皇陵是否被盗，目前仍有多种猜测。但是不管历史上盗与未盗，如果有朝一日被发掘，其地宫真相都将会震惊世界。

秦陵墓区分布示意图

引自《考古与文物》2008 年第 6 期

秦 始 皇 帝 陵 园 重 要 遗 址 分 布 示 意 图

引自《考古与文物》2008 年第 6 期

秦始皇帝陵园遗址分布示意图

引自《考古与文物》2008 年第 6 期

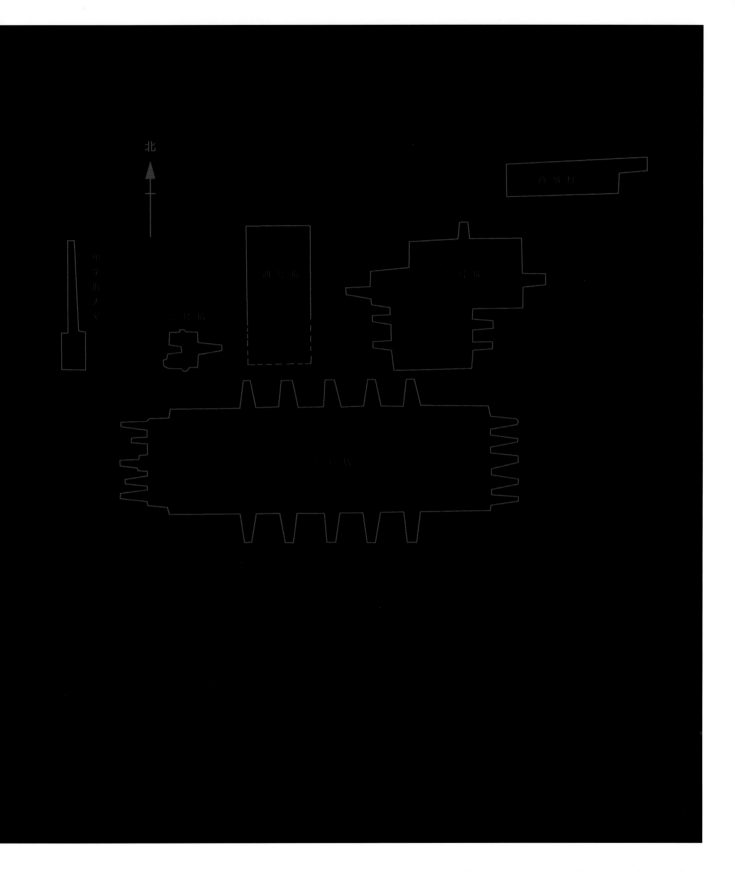

北

秦始皇帝陵兵马俑陪葬坑平面布局示意图

引自贺云翱、郭怡《古代陵寝》，文物出版社 2008 年版

秦 始 皇 帝 陵 封 土

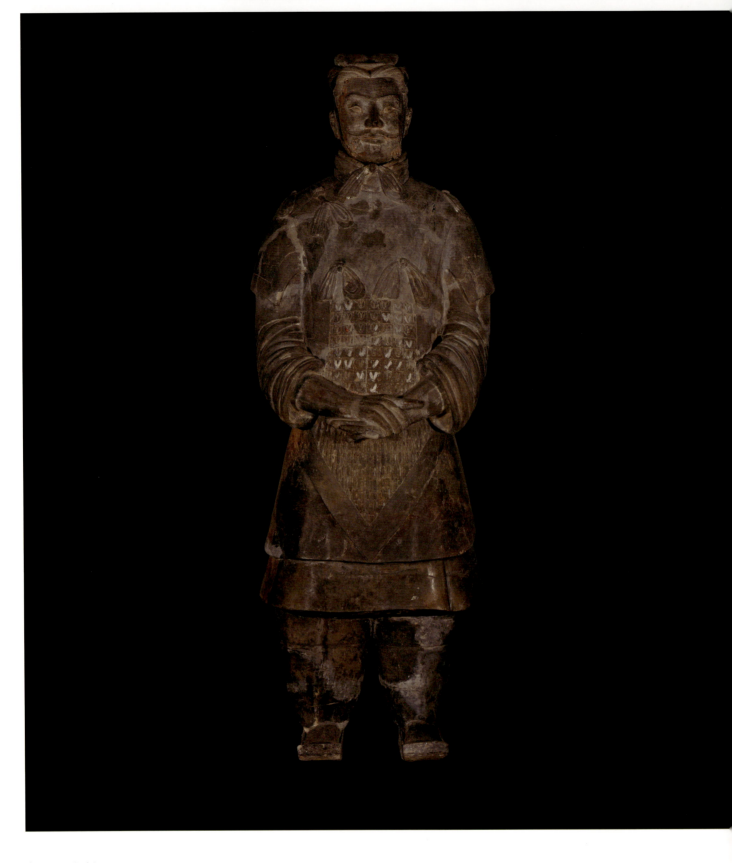

高级军吏俑

年代：秦（前 221 — 前 206）
西安市临潼区秦始皇陵园出土
秦始皇帝陵博物院藏

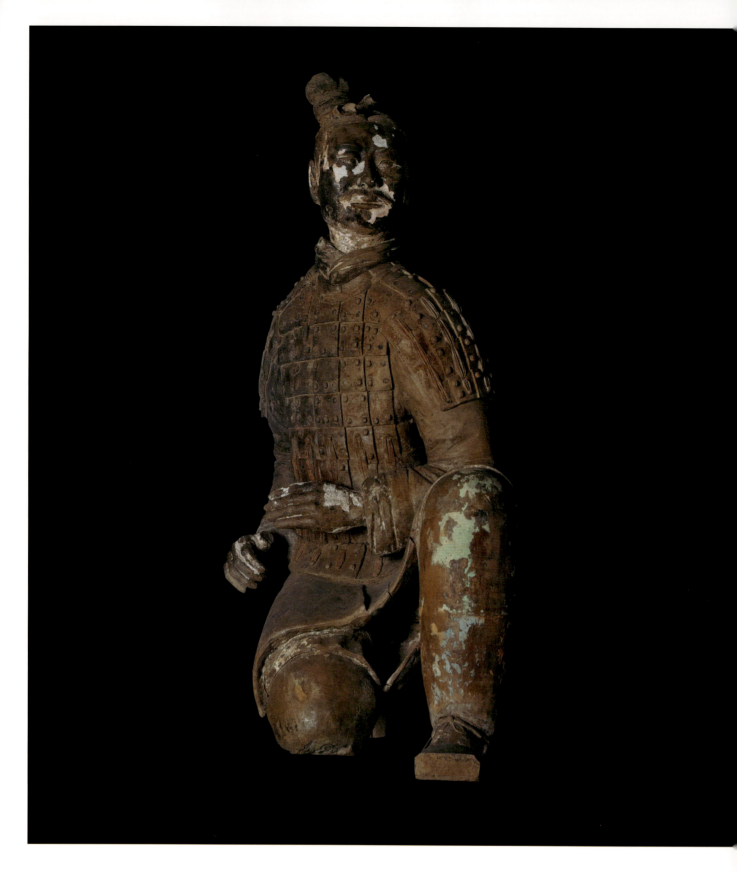

彩 绘 跪 射 俑

年代：秦（前 221 — 前 206）

西安市临潼区秦始皇陵园出土

秦始皇帝陵博物院藏

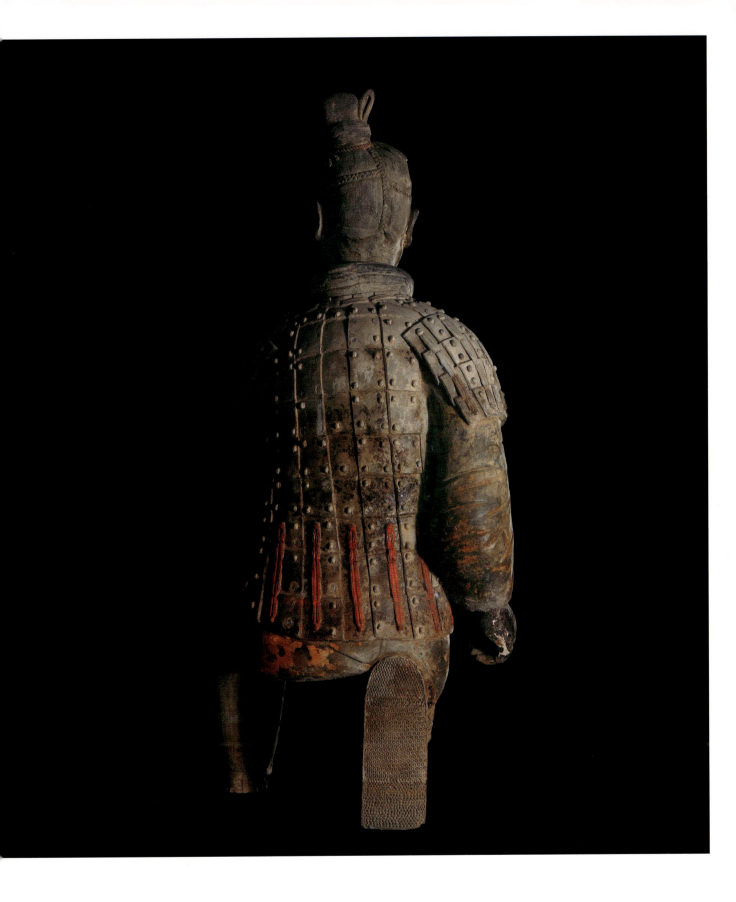

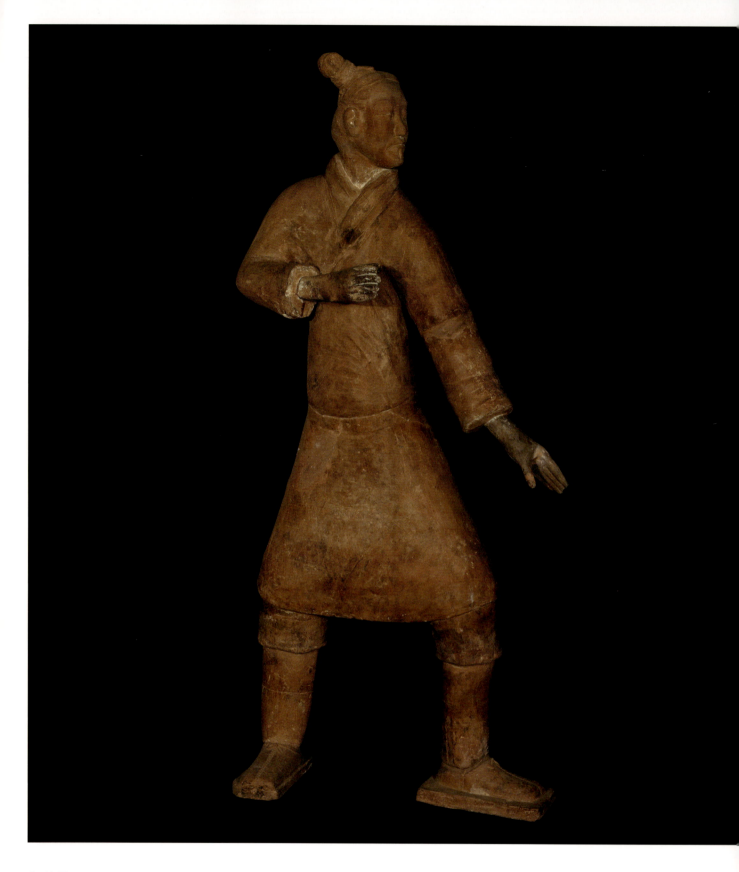

立射俑

年代：秦（前 221 — 前 206）
西安市临潼区秦始皇陵园出土
秦始皇帝陵博物院藏

武士俑

年代：秦（前 221 — 前 206）

西安市临潼区秦始皇陵园出土

陕西省考古研究院藏

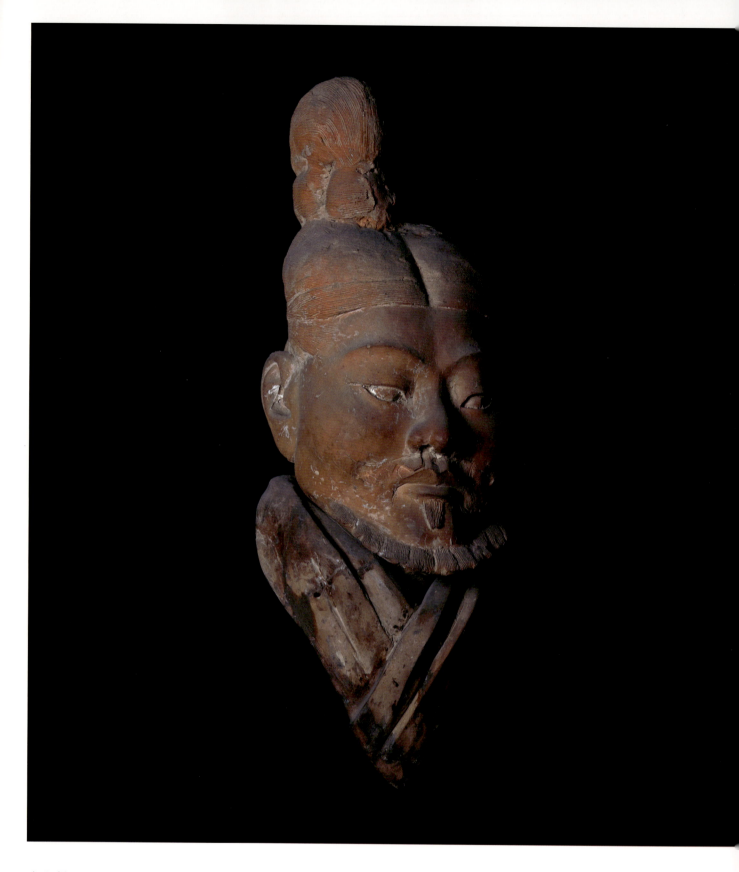

武士俑

年代：秦（前 221 — 前 206）
西安市临潼区秦始皇陵园出土
陕西省考古研究院藏

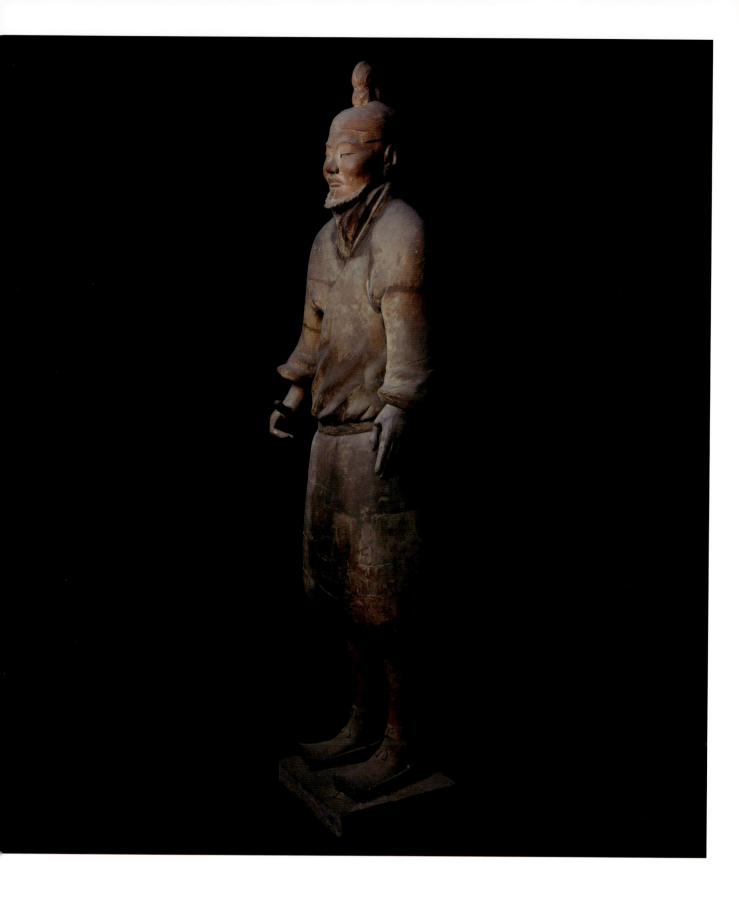

铠甲武士俑

年代：秦（前 221 — 前 206）
西安市临潼区秦始皇陵园出土
陕西省考古研究院藏

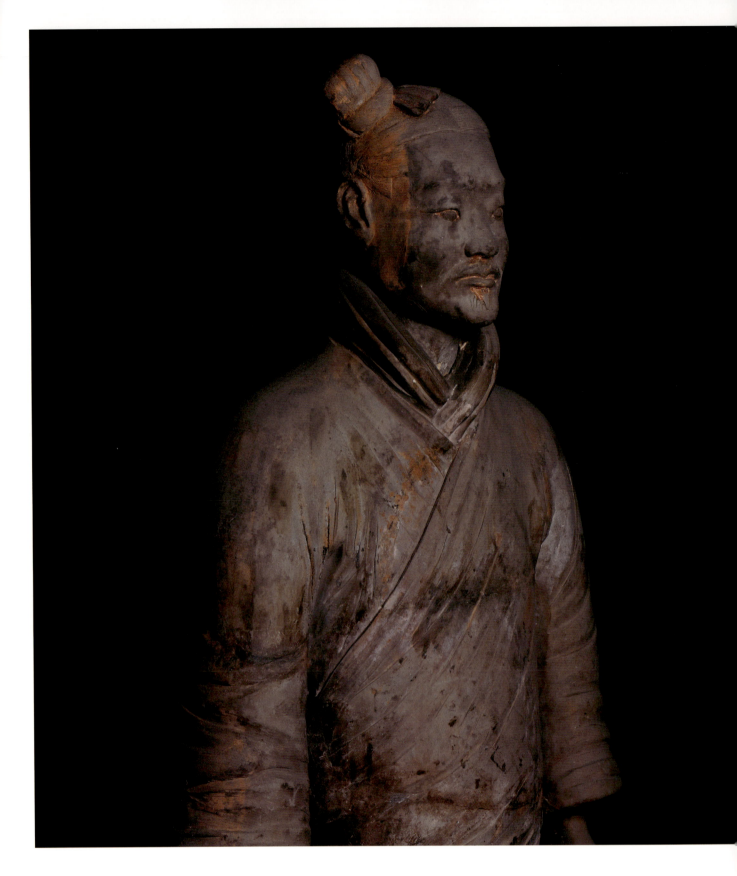

武士俑

年代：秦（前 221 — 前 206）

西安市临潼区秦始皇陵园出土

陕西省考古研究院藏

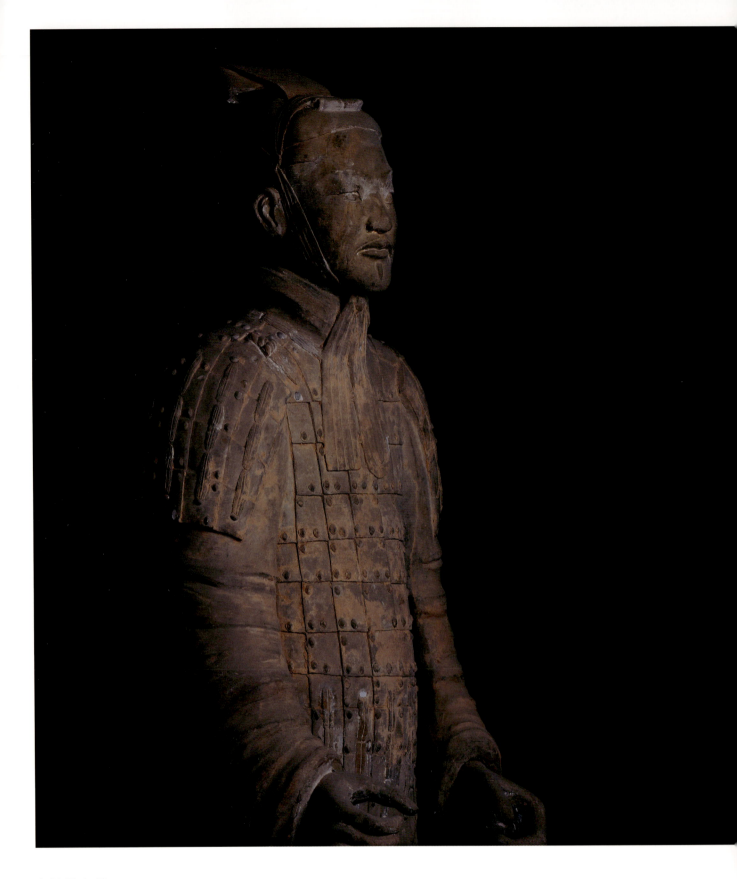

中级军吏俑

年代：秦（前 221 — 前 206）
西安市临潼区秦始皇陵园出土
陕西省考古研究院藏

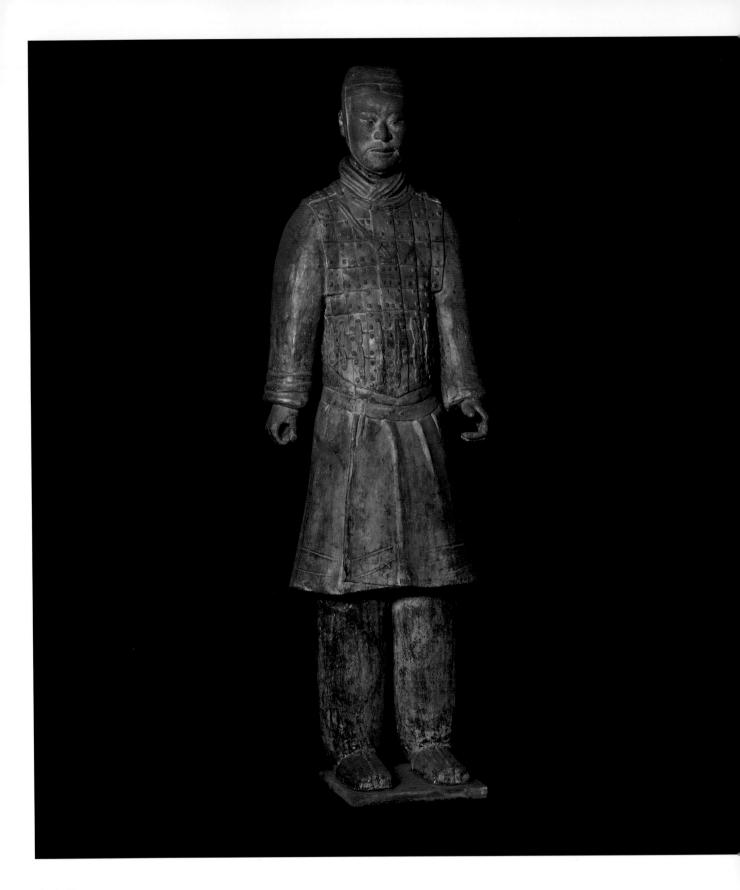

骑兵俑

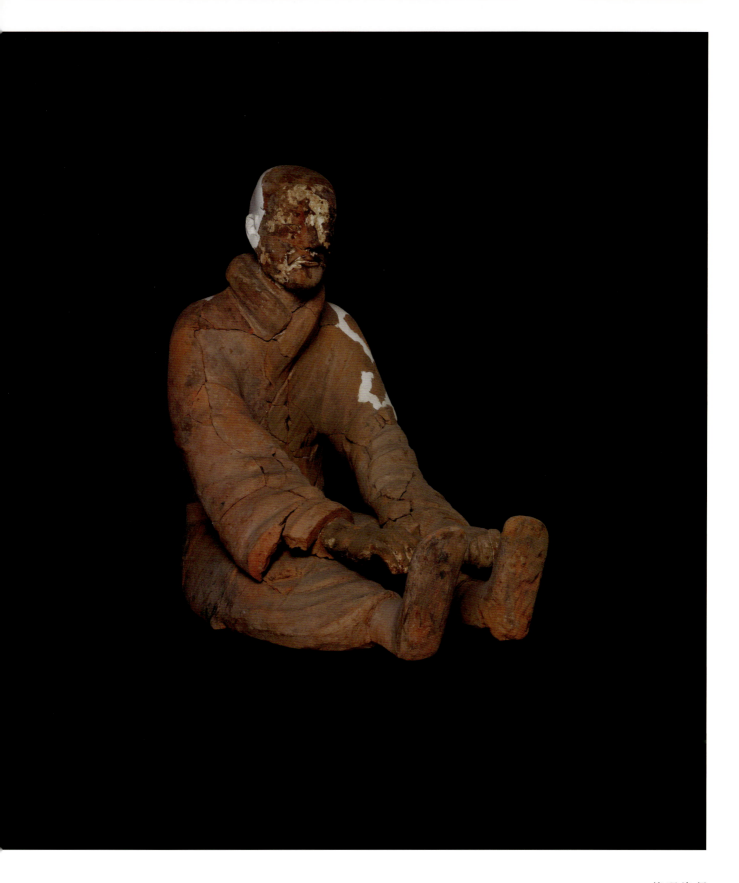

箕踞姿俑

年代：秦（前 221 — 前 206）
西安市临潼区秦始皇陵园出土
陕西省考古研究院藏

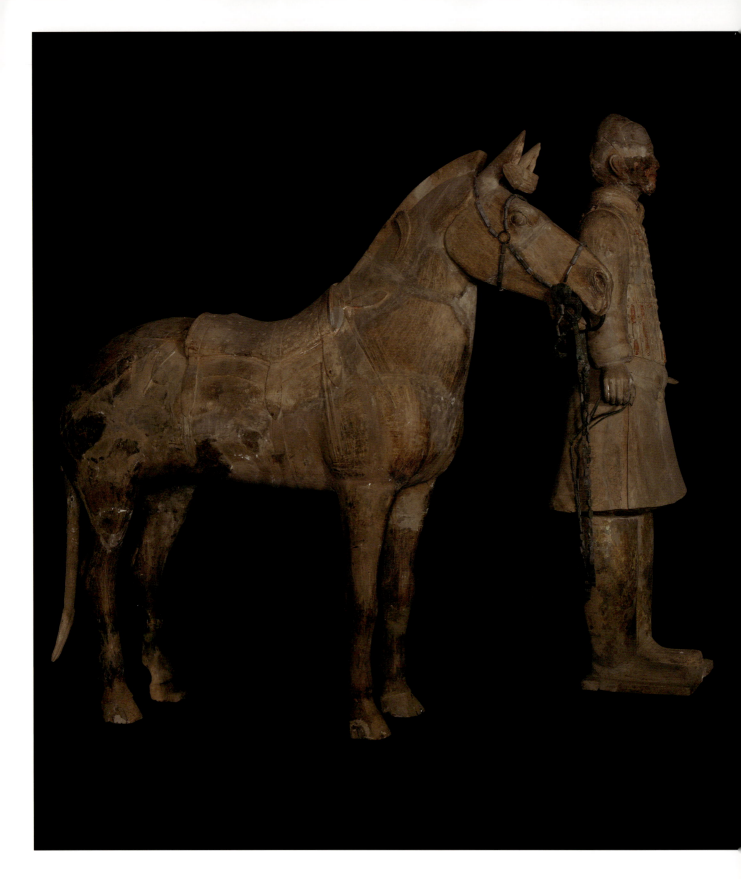

鞍马骑兵俑

年代：秦（前 221 — 前 206）
西安市临潼区秦始皇陵园出土
秦始皇帝陵博物馆藏

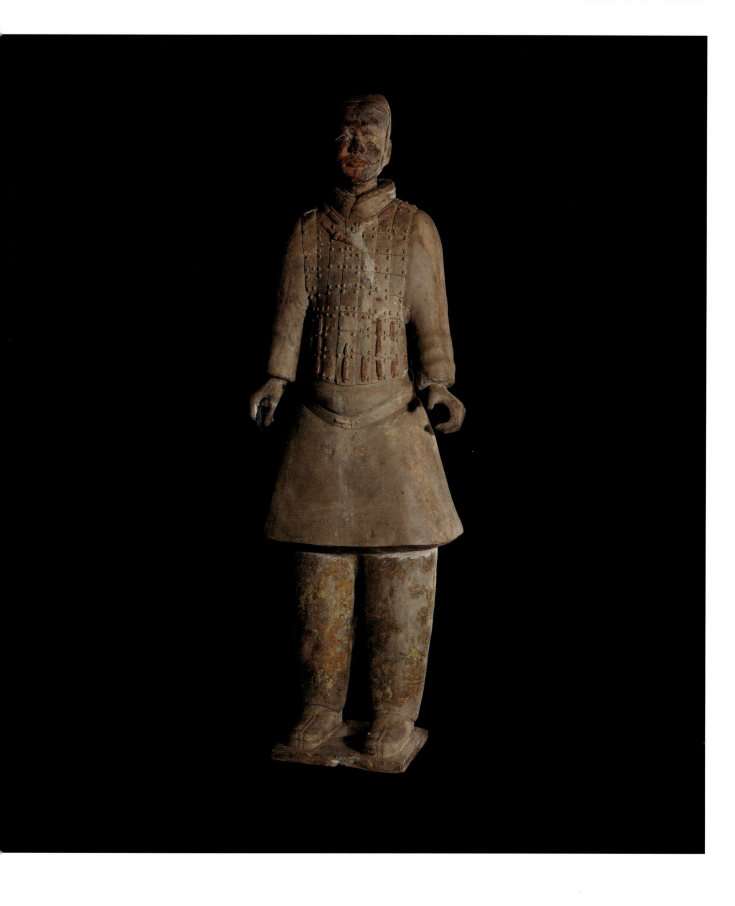

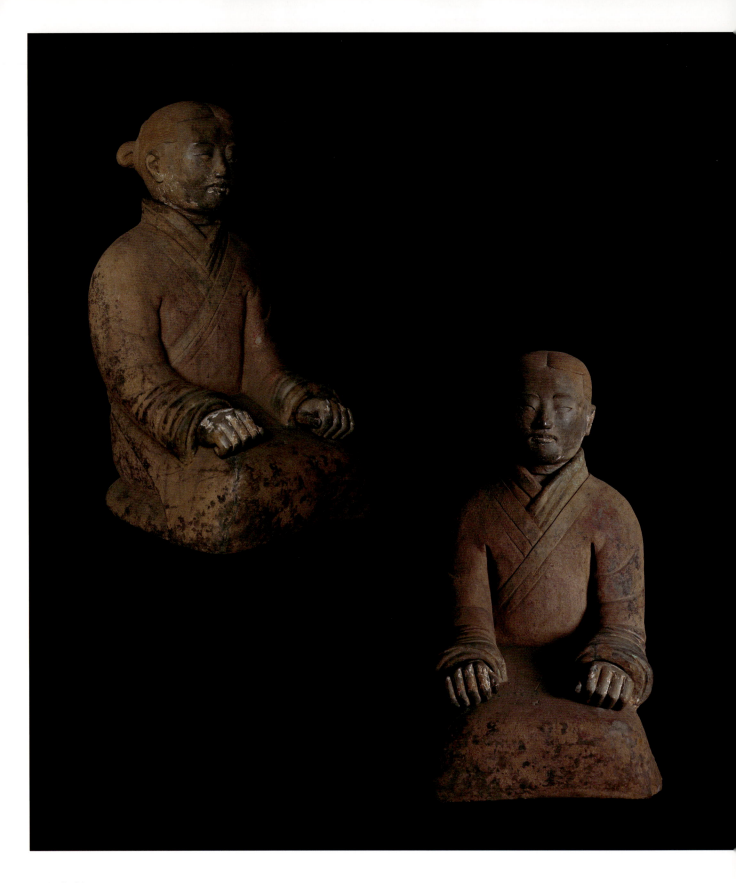

踞坐陶俑

年代：秦（前 221 — 前 206）
西安市临潼区秦始皇陵园出土
陕西历史博物馆藏

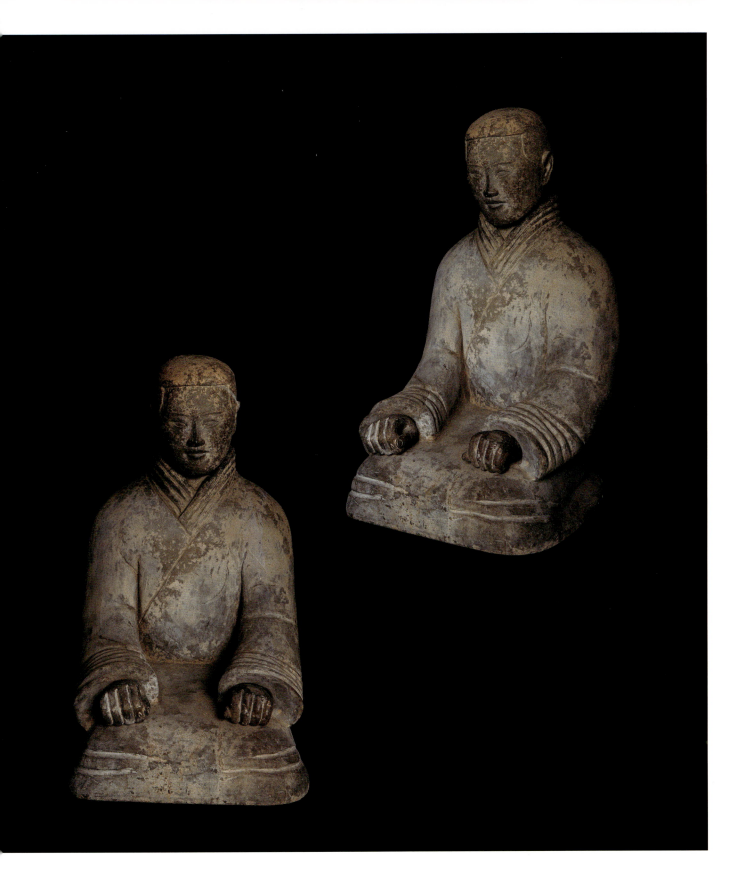

骊（zōu）人

年代：秦（前 221 — 前 206）
西安市临潼区秦始皇陵园出土
西安博物院藏

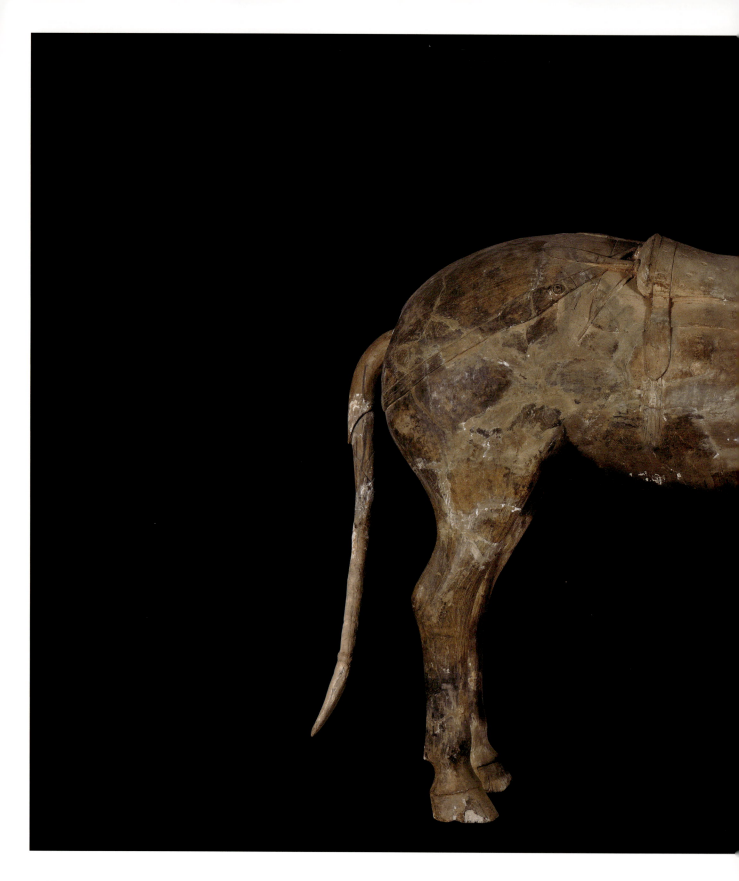

马俑

年代：秦（前 221 — 前 206）

秦始皇帝陵博物院藏

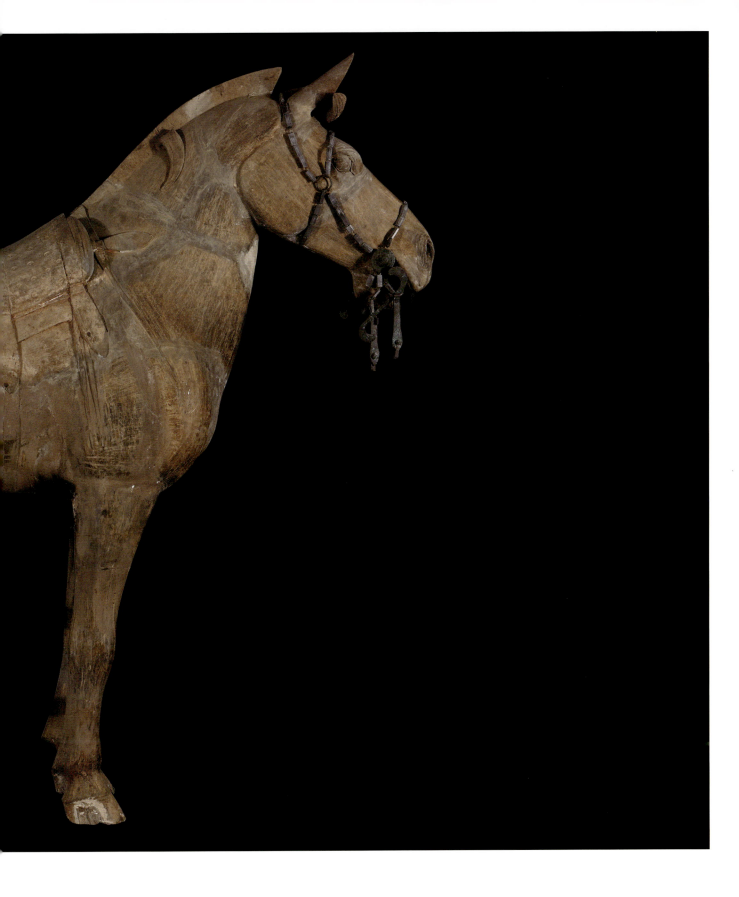

铜剑

年代：秦（前 221 — 前 206）

用途：兵器

西安市临潼区秦始皇陵园出土

陕西历史博物馆藏

铜戈

年代：秦昭王三十七年（前270）

用途：兵器

陕西历史博物馆藏

"蜀西工"铜戈

年代：秦（前221 — 前206）

用途：兵器

渭南市出土

陕西历史博物馆藏

错金鸟篆文铜戈

年代：秦（前 221 — 前 206）

用途：兵器

洛南县出土

陕西历史博物馆藏

铜矛

年代：战国（前 475 — 前 221）

户县涝峪口出土

陕西历史博物馆藏

铜矛

年代：战国（前 475 — 前 221）

陕西历史博物馆藏

铜矛

年代：战国（前 475 — 前 221）

凤翔县八旗屯村出土

陕西历史博物馆藏

巴蜀式铜矛

年代：战国（前 475 — 前 221 ）

勉县出土

陕西历史博物馆藏

"寺工"铜矛

年代：秦（前 221 — 前 206 ）

西安市临潼区秦始皇陵园出土

陕西历史博物馆藏

铜镞

用途：兵器

陕西历史博物馆藏

一号铜车马

年代：秦（前 221 — 前 206）

秦始皇帝陵博物院藏

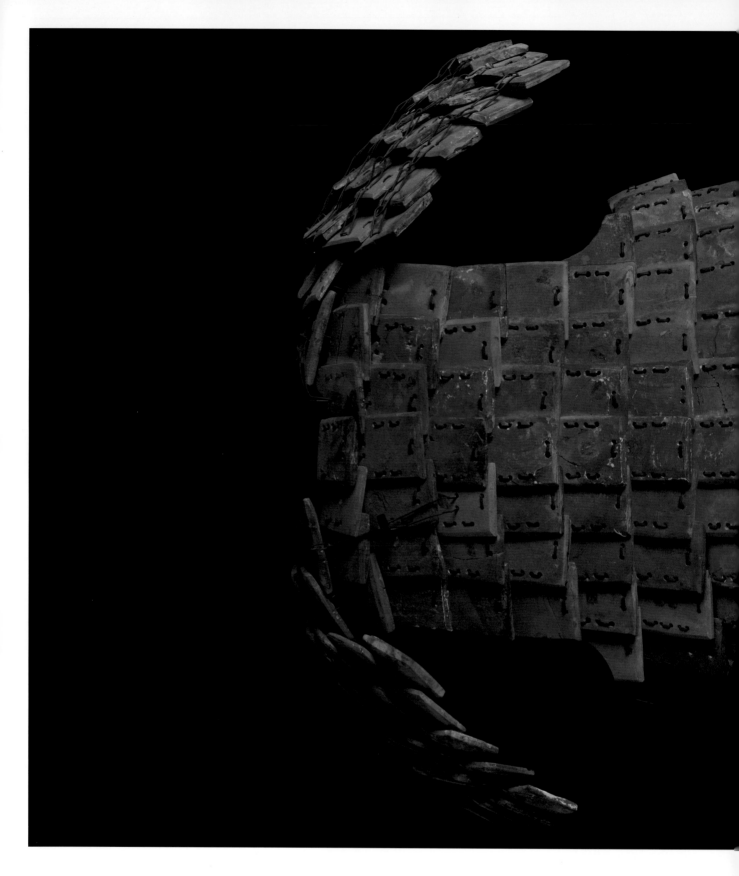

石铠甲

年代：秦（前 221 — 前 206）

西安市临潼区秦始皇陵园出土

陕西省考古研究院藏

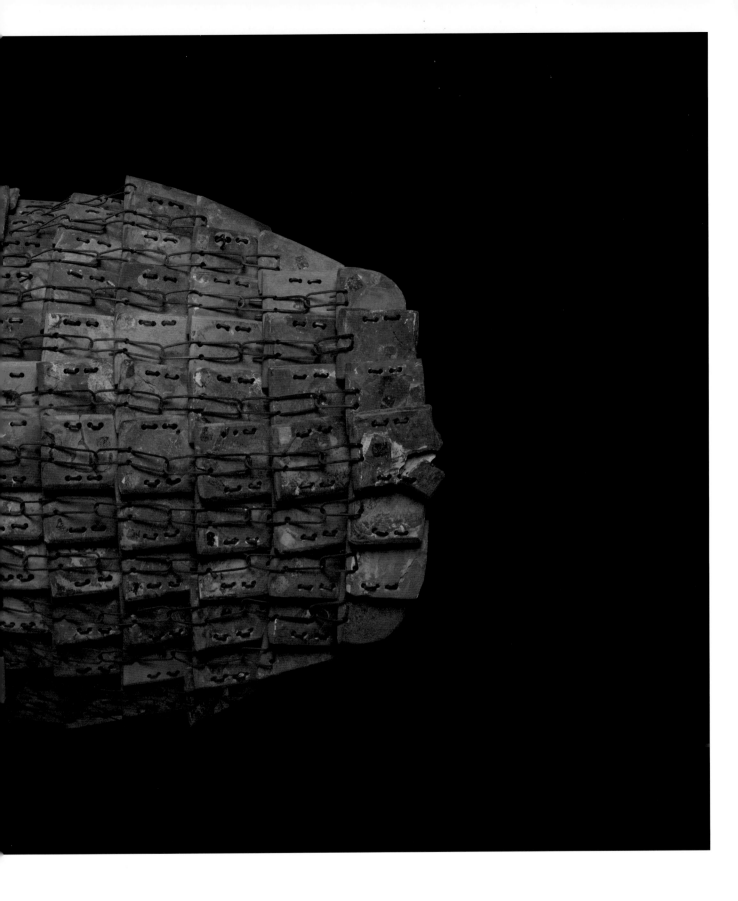

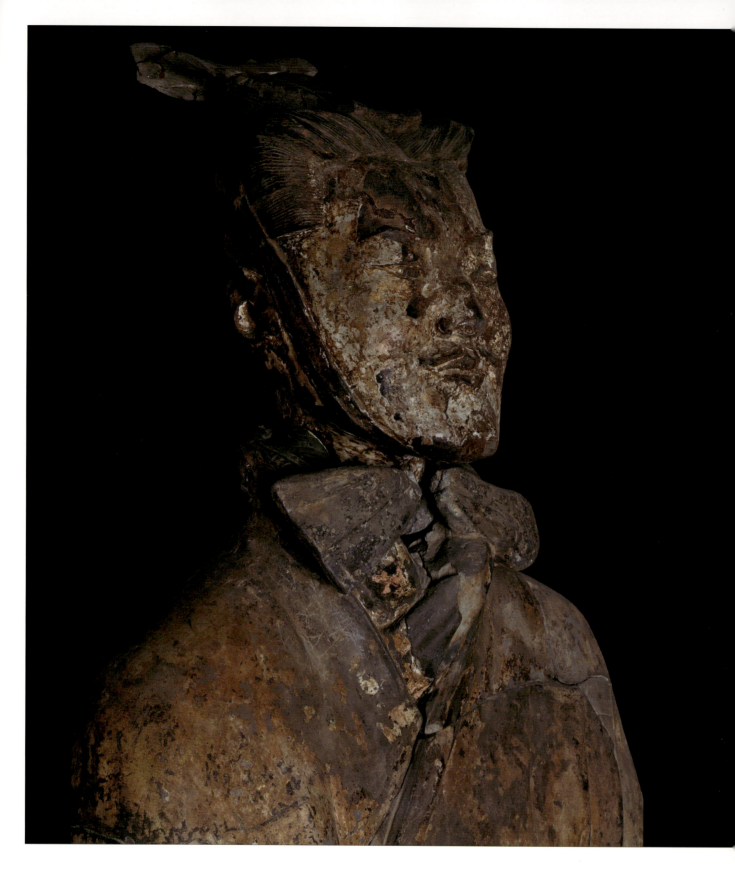

文官俑

年代：秦（前221 — 前206）

西安市临潼区秦始皇陵园出土

陕西省考古研究院藏

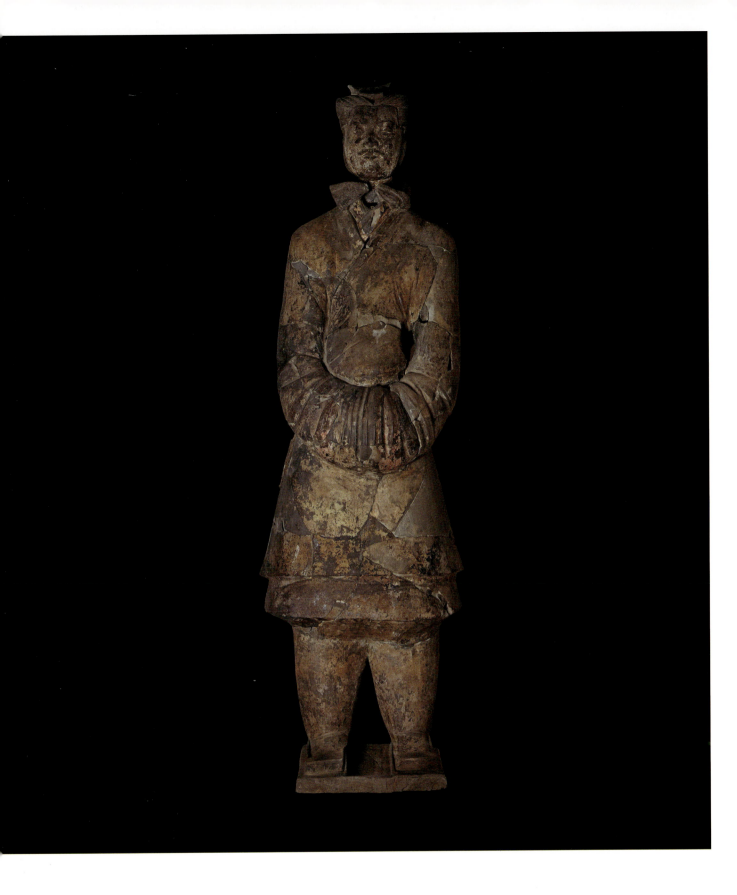

青铜鸿雁

年代：秦（前 221 — 前 206）
西安市临潼区秦始皇陵园出土
陕西省考古研究院藏

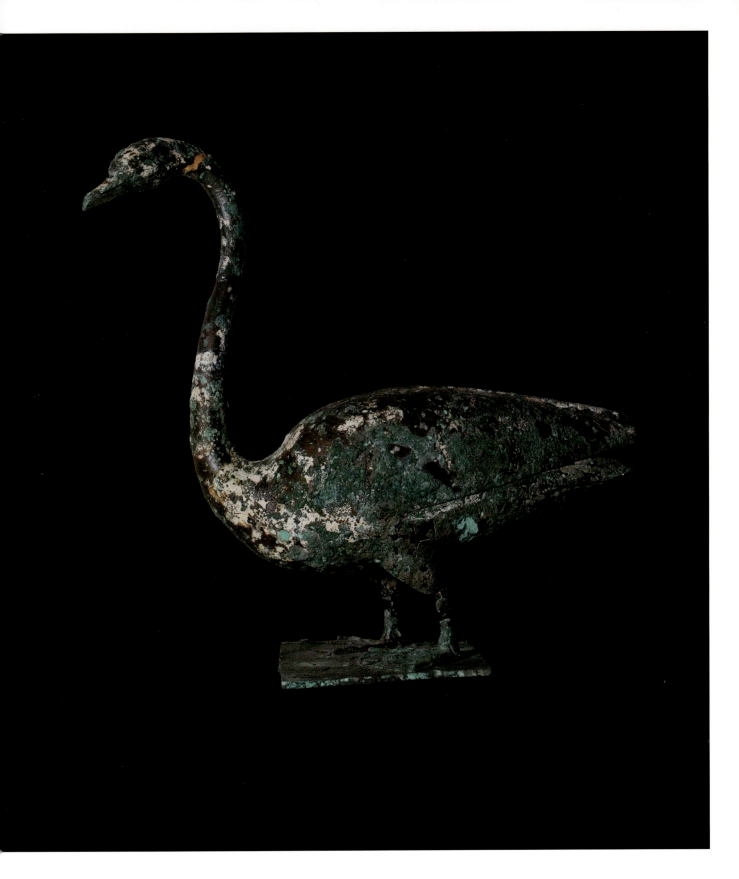

青铜鹅

年代：秦（前 221 — 前 206）

西安市临潼区秦始皇陵园出土

陕西省考古研究院藏

铜 罐

年代：秦（前 221 — 前 206）
西安市临潼区秦始皇陵园出土
陕西省考古研究院藏

云纹瓦当

年代：秦（前 221 — 前 206）

西安市临潼区秦始皇陵园出土

陕西省考古研究院藏

编后记

帝都咸阳，奠基中华版图的第一个封建王朝的首府，一个伟大时代的非凡创造，是秦人从筚路蓝缕中走来，自强不息，奋发图强，不断主动融入华夏文明中心，学习先进文化，在吸收、融合不同文化元素的基础上，构建了自身的文化特征，并经过数百年的砥砺奋斗，终成千古大业的见证。

帝都咸阳见证了一个伟大王朝的建立与覆亡，而在它的身上所体现的中华民族优秀的物质文明与精神文明，以及成败与兴亡的历史教训，又是中华文明乃至世界文明的宝贵遗产。2015 年 2 月 15 日，习近平总书记到陕西省西安市调研，在参观西安博物院时强调："一个博物院就是一所大学校。要把凝结着中华民族传统文化的文物保护好、管理好，同时加强研究和利用，让历史说话，让文物说话。在传承祖先的成就和光荣、增强民族自尊和自信的同时，谨记历史的挫折和教训，以少走弯路、更好前进。"

在考古文博成为社会热点的今天，读者迫切需要更新颖、更适合当下阅读方式的高品质文化读物，来提升自己对传统文化的认知，感知文物背后的历史信息与人文精神，与自己血脉相连之处，从而树立起真正的民族文化自信；并吸引更多的人参与其中，去发现和激活传统文明的生机与活力。读者的期待和时代的要求需要更多的人才参与其中，做出真正有价值的文化积累和传播工作。因此，我们用这样兼具学术厚度与通俗讲述、经过长时间投入和打磨的出版方式来出版这部《中华第一帝都》，我们希望它能够承担起这样的责任和使命。

在这部《中华第一帝都》中，我们从秦人的早期历史，都城的变迁讲起，特别是秦人定都雍城之后，为适应其不断争霸中原的扩张步伐，一路东迁，定都咸阳，最终统一天下，开辟第一个大一统国家的历史。为了勾勒出这一宏伟的历史画卷，我们立足陕西省丰富的文博资源，集合了来自陕西历史博物馆、西安博物院、咸阳博物馆、秦咸阳宫遗址博物馆、秦始皇帝陵博物院、宝鸡青铜器博物院、凤翔县博物馆等陕西省内多家著名文博单位的珍藏文物，以图文并茂、深入浅出的讲述方式，以精彩的文物摄影与帝都历史的讲述相对照并行，让深藏在博物馆和考古现场的文物、遗迹，以及散布于历史文献中的记载，都"活"起来，走近更为广大的读者群体，真正发挥其文化价值，使今天的读者了解中华民族灿烂辉煌的文明和伟大的智慧，探寻秦文化中蕴藏的锐意进取的开拓精神，以及敢为天下先的文化基因；以超越古人的气魄，接通来自大秦的勃勃生机，在扬弃中继承，以更高的境界传承、弘扬和发展中华优秀传统文化。

总策划、总监制：李元君

特约编辑：王光灿

责任编辑：宫　共

责任校对：黄文魁　吕　飞

责任印制：安晓贤

选题责任方： 秦汉新丝路 QINHAN NEW SILK ROAD　文和東方 Wenhe Oriental Culture

图书在版编目（CIP）数据

中华第一帝都 / 徐卫民著 . –– 北京：人民出版社 ,2018.9

ISBN 978-7-01-019719-7

Ⅰ . ①中… Ⅱ . ①徐… Ⅲ . ①咸阳 – 地方史 Ⅳ . ① K294.13

中国版本图书馆 CIP 数据核字 (2018) 第 195727 号

中華第一帝都

ZHONGHUA DIYI DIDU

徐卫民 著　　连 旭 摄影

人 民 出 版 社 出版发行

（100706 北京市东城区隆福寺街 99 号）

北京雅昌艺术印刷有限公司印刷

新华书店经销

2018 年 12 月 第 1 版

2018 年 12 月 北京第 1 次印刷

开本：889mm×1194mm　1/16

印张：18

字数：100 千字

ISBN 978-7-01-019719-7

定价：150.00 元

邮购地址：100706　北京市东城区隆福寺街 99 号

人民东方图书销售中心　电话（010）65250042　65289539